바로간다

LG생활건강

바로간다 LG생활건강

초판 1쇄 발행 | 2016년 2월 22일

지 은 이 | 박유미, 이재호
발 행 인 | 김영희
기　　획 | 신현숙, 하순영
마 케 팅 | 권두리
편　　집 | 최은정, 변호이, 김민지
디 자 인 | 한동귀, 문강건, 박성민, 김은환
발 행 처 | (주)에프케이아이미디어(프리이코노미북스)
등록번호 | 13-860호
주　　소 | 150-881 서울특별시 영등포구 여의대로 24 FKI타워 44층
전　　화 | 출판콘텐츠팀 | 02-3771-0435, 영업팀 | 02-3771-0245
홈페이지 | www.fkimedia.co.kr
팩　　스 | 02-3771-0138
E - mail | drkwon@fkimedia.co.kr
I S B N | 978-89-6374-208-3　13320
정　　가 | 1만 1,000원

◈ 낙장 및 파본 도서는 바꿔 드립니다.

◈ 이 책 내용의 전부 또는 일부를 재사용하려면 반드시 FKI미디어의 동의를 받아야 합니다.

◈ 내일을 지키는 책 FKI미디어는 독자 여러분의 원고를 기다립니다. 책을 엮기 원하는 아이디어가 있으면
　drkwon@fkimedia.co.kr로 간략한 개요와 취지를 연락처와 같이 보내주십시오.

이 도서의 국립중앙도서관 출판예정도서목록(CIP)은 서지정보유통지원시스템 홈페이지(http://seoji.nl.go.kr)와
국가자료공동목록시스템(http://www.nl.go.kr/kolisnet)에서 이용하실 수 있습니다.(CIP제어번호: CIP2016001597)

바로취업 시리즈 ⑪

바로 간다

LG생활건강

베스트 애널리스트의 분석과
취업멘토 교수의 가이드

박유미 · 이재호 지음

프리이코노미북스

취업에 왕도는 없지만
바른 길은 있다

사실 취업 준비에 왕도王道가 있을까 싶습니다. 준비한 내용은 같아도 면접관의 성향이나 기호에 따라 그리고 지원자의 당일 컨디션에 따라 당락의 결과가 달라지기도 하는 것이 취업이기 때문입니다. 하지만 면접과정이 다면화·다층화될수록 이런 운運의 요소는 점점 희박해지게 됩니다. 최근 주요 대기업들은 선발의 변별력을 높이기 위해 인·적성 테스트 도입은 물론 자소서를 직무에세이 형식으로, 면접을 합숙 형태의 집합면접으로 전환하였습니다. 여러분도 당연히 이런 채용 프로세스가 탈脫스펙을 위한 것임을 잘 알고 계실 겁니다. 하지만 탈스펙을 위해서 무엇이 가장 필요한지에 대한 인식은 부족한 것 같습니다. 사진, 어학점수, 자격증, 수상 경력, 교환학생 경험 등과 같은 것을 안 본다면 과연 무엇으로 지원자의 역량을 평가할 수 있다고 생각하시는지요?

결국 서면書面과 대면對面 과정에서 지원자의 간절함과 준비 상태로 판단할 수밖에 없습니다. 간절함이란 먼 길을 함께 가도 좋겠다는 확신을 주는 것이고, 준비 상태란 희망 회사에 지원하기 위해 구체적으로 얼마나 많은 고민과 탐구활동을 했는가에 의해서 결정됩니다. 그래서 집합면접장에 들어가면 상황 케이스를 주고 전략이나 아이디어를 도출해보라는 질문이 빈번하게 출제됩니다. 사실 전문가도 이런 질문을 제한된 짧은 시간에 소화하기 어렵습니다. 해법은 면접관이 무엇을 기대하는지를 간파하는 데 있습니다. 입사를 위해 많은 고민을 해봤다면 그래도 '나름의 답을 하지 않을까'라는 면접관의 기대를 충족시키는 것 말입니다.

그래서 취업을 제대로 준비하기 위해서는 기업에 대한 이해가 전제되어야 합니다. 시간에 쫓기다 보면 기업 분석의 필요성은 인정하지만 엄두가 나질 않는다는 생각이 드실 겁니다. '급할수록 돌아가라'는 속담이 있습니다. 급하면 무엇을 해도 몰입할 수 없다는 의미일 것입니다.

본 기업분석 시리즈는 취업 포털의 채용 공고문을 확인하는 순간부터 시작해도 전혀 무방합니다. 서류 심사에서 최종 면접까지 1개월에서 2개월의 기간 동안 본서를 활용하는 것에 시간적 부족함을 느끼지 않을 것입니다. 1장 산업 파트만 읽어도 기업을 분석하는 것에 대한 막연함에서 벗어날 수 있습니다. '멘토의 팁'과 '관련 자료 찾아보기' 코너를 곁들인 이유가 바로 여기에 있습니다. 애널리스트의 친절한 설명과 멘토의 가이드를 따라가다 보면 어느새 회사를 보는 안목이 생기는 것을 깨닫게 될 겁니다. 면접관이 무엇을 중요하게 생각하는지 알게 되므로, 자소서에 어떤 소재를 활용해야 할지 면접에서 어떤 부분을 언급하고 강조해야 할지 자연스럽게 알게 됩니다. **왕도는 없다고 했지만 바른 길은 있습니다. 바로 가는 취업을 원한다면 지금 바로 첫 페이지를 펼쳐보시기 바랍니다.**

한국을 대표하는 소비재기업, LG생활건강에 지원하려면…

지난 2015년 10월 글로벌 화장품그룹인 에스티로더는 국내 스킨케어 브랜드 닥터자르트의 지분을 인수하였다. 윌리엄 로더 에스티로더 회장은 이번 인수와 관련하여 "글로벌 소비자들은 한국이 뷰티 분야의 트렌드를 선도하는 시장이라고 보고 있으며 이번 인수도 그러한 이유 중 하나"라고 말하였다. 이처럼 국내 화장품 산업은 이미 전 세계적으로 그 위상이 높아졌으며 앞으로도 큰 성장세를 이어갈 것으로 보인다. 그 가운데 LG생활건강은 국내 대표 화장품 및 생활용품 기업으로 국내뿐만 아니라 중화권을 중심으로 한 아시아에서 사업 영역을 넓혀나가고 있으며 브랜드 전략으로 지속가능한 성장을 추구하고 있다.

필자가 LG생활건강에 대해 가장 인상 깊게 느꼈던 부분은 기존 사업의 구조조정을 통한 유기적 성장 전략과 M&A를 통한 유기적 성장 전략의 결합체가 지금의 LG생활건강이라는 점이다. LG생활건강은

2005년 차석용 부회장 부임 이후 기존 사업에 대한 문제점을 보완하고 창의적인 신제품을 출시하여 매출과 이익을 증가시켜왔다. 또한 적극적인 M&A로 기존 사업과 연계하여 시너지를 창출하고, 각 사업의 장단점이 서로를 보완해주도록 하여 전체적으로 안정적 수익창출을 달성했다. 각 사업별 작은 그림을 보기보다 전체적인 큰 그림을 보고 부족한 부분을 채우는 M&A로 기업의 경쟁력을 성공적으로 키울 수 있었던 것이다.

LG생활건강에 취업을 꿈꾸고 있는 지원자들은 이곳이 한국을 대표하는 소비재 기업인 만큼 브랜드에 대한 이해 및 브랜드별 전략, 브랜드에 대한 문제점과 해결 방법, 나아가 기업 혹은 기업구성원이 향후 소비 트렌드 변화에 대처할 방향에 대해서 준비하기를 바란다. 특히 LG생활건강은 뛰어난 제품과 성공적인 마케팅을 통해 글로벌 시장에서 인지도가 높아지고 있지만, 아모레퍼시픽 대비 브랜드화 되지 못한 제품이 많다는 한계를 가지고 있다. 따라서 LG생활건강이 앞으로 더 높은 경쟁력을 갖기 위한 고민도 필요할 것으로 보인다. 더불어 자기소개서 작성 혹은 면접 시 다양한 인턴활동, 사회봉사, 동아리 활동에 단순히 참여했다는 사실이 아니라 여러 경험을 통한 배움이 입사 후 어떻게 활용될 수 있을지 구체적으로 언급할 수 있도록 고민해보는 것이 바람직할 것이다. 마지막으로 LG생활건강의 웹사이트에서 찾아볼 수 있는 〈지속가능성 보고서〉를 꼭 읽어보고 기업의 전체적인 그림과 방향성을 파악해둘 것을 추천한다.

목차

멘토의 팁 » 국내 화장품산업 근간 찾기
» 화장품이 일반 소비재와 다른 점 알아보기
» 화장품산업 성장 견인 트렌드 찾아보기
» 화장품 마케팅 전략 알아보기
» 주가 차트로 화장품기업 스토리 파악하기
» 브랜드 '후' 성장 전략 알아보기
» 중저가 화장품의 기업별 전략 정리하기

관련 자료 » 검색 키워드, 국내 화장품 역사
» 한국보건산업진흥원, 〈2014년 화장품산업 분석보고서〉
» 검색 키워드, '화장품 마케팅'
» 검색 키워드, '화장품기업 주가'
» 검색 키워드, 'LG생활건강 후'
» 검색 키워드, '중저가 화장품시장'

03 생활 속 상쾌함을 만드는 음료산업

멘토의 팁 » 영업력을 위한 전략 세우기
» 생활용품과 음료 비즈니스의 본질 파악하기
» 음료시장 1위 차지 방법
» 아이디어맨이 절실한 대기업 니즈 파악하기

관련 자료 » LG생활건강의 최근 사업보고서
» 검색 키워드, '음료시장 경쟁'
» 검색 키워드, '미국 음료시장 트렌드'

CHAPTER 05 문화: 최고의 생활문화기업을 꿈꾸다

한눈에 본다, LG생활건강

태동기(1947~1973)

1947

락희화학공업사(樂喜化學工業社) 창립
'럭키' 상표로 화장품 생산 개시

1954

국내 최초 치약, '럭키치약' 개발

1960

국내 최초 화장비누, '크로바비누' 출시

1966

국내 최초 합성세제, '하이타이' 출시

1972

주방세제 '퐁퐁' 출시

럭키~LG화학(1974~2000)

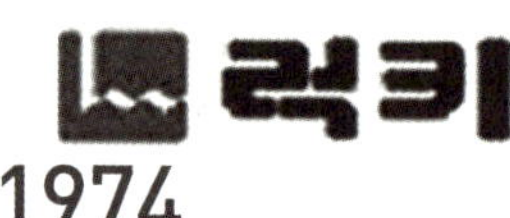

1974

상호를 '주식회사 럭키'로 변경

1976

'유니나' 샴푸·린스 개발

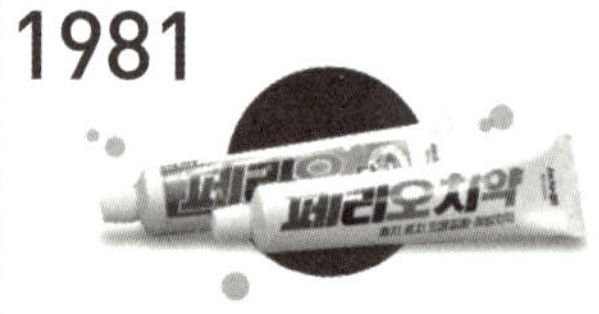

1981

'페리오치약' 출시

1984

'드봉'화장품 출시, 화장품 사업 재진출

1995

㈜LG화학으로 상호 변경,
화장품 '이자녹스(Isa Knox)' 출시

2001

독립법인 '㈜LG생활건강' 출범

2002

'죽염치약' 중국에서 본격 생산·판매 개시

2003
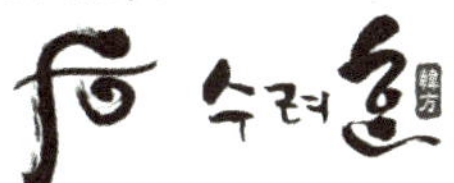

한방화장품 '후', '수려한' 출시

2005
O HUI

'오휘', 중국 백화점 매장 1호점 오픈

2006

일본 유니참과 합작법인, LG유니참 설립

2007

한국코카-콜라보틀링 인수
(2008년 상호 '코카-콜라음료㈜'로 변경)

2010

더페이스샵 인수

2011

해태음료 인수

2013

캐나다 바디&생활용품 업체
'Fruits&Passion' 인수

2014

'2014 한국에서 가장 일하기 좋은 기업' 선정
(한국능률협회컨설팅 주관)

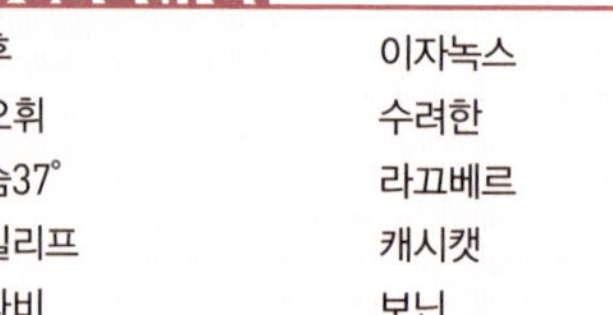

Beautiful

후	이자녹스	비욘드	VDL
오휘	수려한	더마리프트	VOV
숨37°	라끄베르	청윤진	필로소피
빌리프	캐시캣	코준	디어패커
다비	보닌	튠에이지	마케리마케
프로스틴	케어존	코드 글로컬러	
까쉐	더 사가 오브 수	더페이스샵	

Healthy

헤어케어	**구강용품**	**방향제**	**주거용품**
엘라스틴	페리오	해피브리즈	홈스타
리엔	죽염치약	파르텔	SAFE
오가니스트		힐링&네이쳐	퐁퐁
실크테라피	**세탁용품**	베이비&기타	자연퐁
	샤프란	베비언스	
스킨케어	한·입세제	토디앙	**세트**
온더바디	테크	메소드	선물세트
드봉	수퍼타이	효자삼홍	미니스

Refreshing

스파클링	**주스**	**스포츠**	**라이프 스타일**
코카-콜라	미닛메이드 프리미엄	파워에이드	글라소 비타민워터
코카-콜라 제로	미닛메이드 쿠우	아쿠아리우스	해태음료
코카-콜라 라이트			썬키스트
환타	**커피&티**	**생수**	기타 브랜드
환타 스무디	조지아	휘오 다이아몬드 샘물	
스프라이트	태양의 마테차	휘오 제주	
슈웹스	퓨즈티	휘오 순수	
밀크소다 암바사		휘오 다이아몬드 EC	
킨 사이다			
닥터페퍼			
캐나다 드라이			
씨그램			

1. 조직도 및 종업원 수

총 사원수: 4,092명 (2015.10.19 기준)

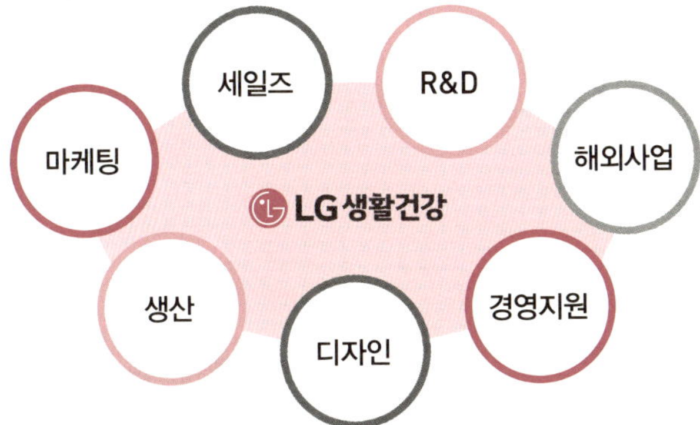

2. 인재상

뛰어난 장사꾼	남다른 안목	명예 존중과 확고한 도덕성	Global Competency
육감적으로 사업 기회를 포착·실행하여 결과를 창출하는 것이 필요하다.	디자인 중심 경영을 위해 창의적인 안목이 필요하다.	정도경영의 원칙을 위해 도덕성을 갖춘 인재가 필요하다.	글로벌 기업으로 성장하기 위해 외국어능력과 이문화적응력을 겸비한 인재가 필요하다.

3. 채용 프로그램 활용하기

LG생활건강은 각 직무별 맞춤형 정규직 신입사원 채용 프로그램을 통해 해당 직무에 특화된 최고의 인재를 선발하고 있다. 실제 직무 현장을 경험하고 각 분야별 최고 리더들의 생생한 멘토링을 받을 수 있다는 점에서 차별화된 프로그램이다.

- **마케팅 세미나**
  예비 마케터들이 모여 단계별 프로젝트를 수행하고, 실무 습득 기회 및 세미나를 제공하여 LG생활건강의 마케터로서 입문할 수 있는 프로그램

- **세일즈 아카데미 선배들의 한마디**
  영업분야에 관심 있는 지원자들에게 인턴십과 세미나 전형을 통해 실제 영업현장을 경험할 수 있는 기회를 부여하고 창의적이고 실력을 겸비한 정규직 신입 영업사원을 채용하는 프로그램

- **R&D 세미나**
  화장품 및 생활용품 소비재 R&D분야에 관심 있는 핵심 연구 인재를 채용하는 프로그램

- **생산기술 세미나**
  잠재력이 충만한 생산관리 엔지니어 신입 인재를 채용하는 정규직 채용 프로그램

- **매니지먼트 아카데미 선배들의 한마디**
  미래의 CFO, CPO, CHO를 꿈꾸는 인재들에게 경영 전략, 재무·회계, 구매, 물류, 인사·노경 등 각 분야의 전문성과 비지니스 밸류 체인을 경험할 수 있는 인턴십 및 세미나를 제공하여 경영스태프를 채용하는 프로그램

산업:
편리함과 아름다움, 상쾌함까지 추구하다

LG생활건강의 산업 영역은 치약, 비누 같은 '생활용품', 후, 숨, 더페이스샵 같은 '화장품', 코카콜라음료와 해태음료의 지분을 확보하며 진출한 '음료', 이렇게 크게 세 가지입니다. 이 세 가지 영역들은 서로 관계가 없을 것 같지만, 상호보완적 가치가 있습니다. R&D 영역에서 '생활용품'과 '화장품' 부문이 보완되고, 여름철 '화장품'의 매출이 떨어지면 '음료'가 보완해주는 식이지요. 다양한 영역을 거느리고 있는 LG생활건강만의 장·단점을 살펴보도록 합시다.

01

편리와 윤택을 추구하는 생활용품산업

하이타이, 트리오에서 시작된 생활용품산업

생활용품의 역사는 제품군에 따라 발전 과정이 다양하다. 하지만, 1950~1960년경 LG생활건강의 모태인 락희화학공학사와 애경유지공업(현 애경산업)이 국내 최초의 생활필수품을 출시하면서 시작되었다고 할 수 있다. 당시 사회 전반적으로 물자가 귀했다. 그리고 생활용품의 경우 국내 생산이 거의 되지 않아 국내 소비자들은 미군 면세상점에서 밀반출된 군수품을 사용했고, 콜게이트 같은 미국산 제품이 시장을 장악했다. 그러나 락희화학공학사가 럭키치약(1954년)과 합성세제 하이타이(1966년)를, 애경유지공업이 미용비누 미향(1956년)과 주방세제 트리오(1966년)를 국내 최초로 출시하면서 본격적인 세탁세제, 주방세제 시장을 성장시켰다.

프리미엄 시장의 꾸준한 성장

   현재 생활용품산업은 국내 경기 둔화에 따른 소비자들의 구매력 감소와 업체 간 경쟁 심화 및 대형마트 영업 규제로 영업 환경이 까다로운 상황이다. 그러나 점점 다양해지고, 섬세해지는 고객 니즈에 부합하는 고부가가치 기능성 제품의 출시로 프리미엄 시장은 꾸준하게 성장하는 추세다. 홈케어(Home care, 세탁·주방·생활세제)와 개인생활용품(Personal care, 헤어·바디·구강제품) 시장점유율은 2014년 기준, LG생활건강이 35%, 애경이 17%, 아모레퍼시픽이 16%를 차지하고 있으며, 기타 업체로는 P&G, 피죤, CJ 등이 있다.

   생활용품 카테고리 중 홈케어는 가격저항력이 높은 편이지만, 개인생활용품의 경우 프리미엄화가 지속적으로 진행되고 있는 카테고리

생활용품 시장점유율 현황(개인생활용품 및 홈케어 기준) – LG생활건강 국내 1위 이어가

(2014년 기준)

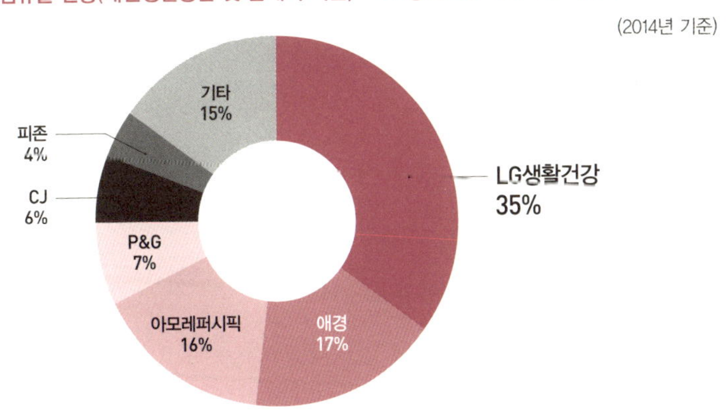

자료: AC닐슨

로서 향후 성장 잠재력 역시 높은 편이다. LG생활건강의 생활용품 사업은 제지제품, 홈케어, 개인생활용품으로 구성되어 있다. 일반적으로 개인생활용품은 넓은 의미에서 화장품으로 구분되기도 한다.

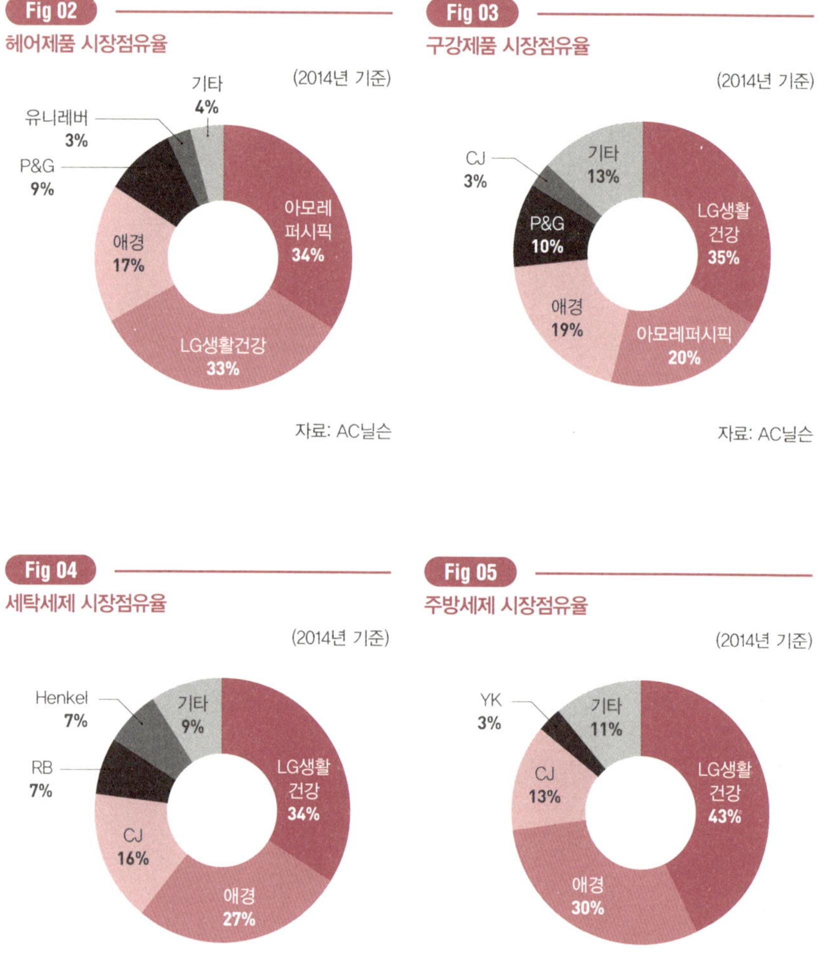

꾸준한 소비가 이루어지는 필수 소비재

생활용품은 세정용품과 스타일링 제품으로 치약, 칫솔, 샴푸, 바디워시, 비누, 세탁세제, 섬유유연제, 주방세제 등 일상생활에서 사용하는 필수 소비재다. 필수 소비재는 수요가 경기의 영향을 바로 받지 않는다. 하지만 장기적인 경기둔화로 최근 생활용품시장도 위축되고 있다. 또 시장이 성숙하고 경쟁이 치열하여 할인행사에 따른 매출 의존도가 높은 특성이 있다.

이 외 수요가 특별하게 증가하는 경우는 여름철이나 명절 시즌이다. 계절적으로는 하절기에 세정용품 위주로 사용 빈도가 증가하고, 휴가 준비를 위한 대량구매로 판매량이 상승한다. 또 설과 추석 시즌에 선물세트를 구성하는 치약, 샴푸, 바디워시의 판매량이 급등하는 특징이 있다.

개인생활용품의 프리미엄화 전략

국내 생활용품시장에서 개인생활용품의 경우 부신한 경기에도 불구하고 프리미엄화가 진행되고 있다. 특히 헤어제품과 바디용품에서 프리미엄화의 진행이 잘 나타난다. 탈모방지 샴푸나 아기, 임산부 전용 바디제품이 그 예다. LG생활건강의 경우 2005년부터 생활용품의 프리미엄화 전략을 펼치기 시작했는데, 새롭게 프리미엄 제품을 출시하거나 기존 제품에 프리미엄 라인을 추가하면서 시장에 고가 제품을 내놓았다. LG생활건강의 대표 브랜드인 엘라스틴의 경우, 2001년에 '머리도 피부다'라는 슬로건을 내세우며 출시되었다. 이후 퍼퓸 라인이나 데미지케어 라인 등 기능성을 강조하는 라인이 추가되면서 꾸준히 프리미엄화를 진행시키고 있다. 또한 최근 중국인 내방객이 증가하면서 면세점에서 화장품뿐만 아니라 한방샴푸 및 린스 같은 개인생활용품의 매출이 증가하고 있다. 특히 고급 한방샴푸 브랜드 리엔은 중국인들에게 크게 인기를 끌고 있다.

홈케어 제품의 차별화 전략

홈케어의 경우 국내시장이 이미 포화상태인 만큼 가격경쟁이 심하게 나타나고 있다. 국내 홈케어 시장은 제품의 기능적인 세분화가 이루어졌는데, 세탁용품에서 가루세제, 액체세제, 섬유유연제, 표백제 등이 그 예다. 대체로 소비자들은 기능별 그리고 회사별 홈케어 제품에 대해서 크게 차이를 못 느끼기 때문에, 소비자의 사용편리성을 개선한 제품이나 새로운 콘셉트의 상품들이 차별화의 큰 요인이 되고 있다. 일례로 LG생활건강은 2012년 화학성분을 줄이고 용량을 절반으로 줄인 '한·입세제'라는 제품을 출시하여 건강과 환경을 중시하는 국내 소비자들 사이에서 큰 성공을 거두었다. 또한 천연성분을 이용한 베이비 라인을 따로 출시하는 등 다양하게 세분화된 시장을 형성하고 있다.

치열한 가격경쟁에서 PB제품의 활약

최근 국내 경기의 저성장 국면이 장기화되면서 생활용품은 저가 제품에 대한 수요가 늘어나고 있다. 또한 유통업체들의 할인경쟁 및 각종 경쟁 심화로 제품의 가격 인상이 어려워지고 있다. 유통업체들이 그동안 품질 경쟁력 향상과 소비자 니즈를 반영한 PB제품(Private Brand, PB)을 잇따라 출시하면서 기존 생활용품 제조업자 사이에 경쟁이 심화되고 있다. PB제품은 개인생활용품을 제외한 도시락, 컵라면 등 특정 제품에 한하여 가격경쟁이 심화되고 있으며, '편리성'을 추구하는 소비 패턴의 변화로 편리하고 접근성이 높은 유통 채널이 상대적으로 높은 매출 성장을 보이고 있다.

유통업계의 'PB제품 강화' 트렌드에 대한 대응 전략을 탐색해봅시다.

최근 대형 유통업체들의 자체 브랜드 상품이 점점 확대되고 있는 점은 LG생활건강에 큰 리스크 요인이 될 수 있습니다. 2015년 5월 18일자《조선일보》경제면에는 '편의점, 마트 "PB제품 없으면 못 살아"'라는 제목의 기사가 실렸습니다. 세븐일레븐의 경우 700여 종의 PB제품을 팔고 있다고 합니다. GS25, CU 등 편의점 사업자 대부분 PB제품에 사활을 걸고 있다고 해도 과언이 아닙니다. PB제품은 주로 도시락, 컵라면, 우유 등이 대세라 아직은 LG생활건강의 생활용품이나 음료와 정면 대결하는 구조는 아니지만 언제 이 영역으로 치고 들어올지 모릅니다. 화장품 영역도 PB제품이 등장하지 말라는 법이 없을 것입니다. 대형할인점도 자체 PB제품을 강화하고 있는 만큼 이런 흐름에 대한 대응 전략을 잘 탐색해보기 바랍니다.

관련 자료 찾아보기 ❶
검색 키워드, 'PB제품 확산'

'PB제품 확산'을 키워드로 최근 동향에 대해 알아보기 바랍니다. PB는 유럽에서 먼저 발달하였는데 유럽 주요국의 경우 소매유통시장에서 PB제품이 차지하는 비중이 거의 50%에 육박하고 있습니다. 실속을 중시하는 소비자가 많아지고 유통업체들의 수익성 개선 노력이 심해질수록 기존 브랜드 업체들에는 큰 도전이자 부담이 되는 구조입니다. 우리나라 현실도 이와 크게 틀리지 않을 경우, LG생활건강은 어떤 노력과 전략을 모색해야 하는지 고민해보기 바랍니다.

시장의 과열 경쟁, 다소 진정되다

국내 생활용품산업은 성숙기에 접어든 시장에서 다수의 공급자가 치열한 경쟁을 벌이고 있다. 국내 경기불황으로 소비자들이 저가 제품을 선호하고 대형마트 및 슈퍼마켓의 의무휴업, 유통업체들의 할인행사 압력 등의 영향으로 업체 간 가격경쟁이 치열해졌다. 그러나 대형마트 의무휴무제가 매출에 미치는 영향이 작아지고, 지나친 할인행사로 얻는 이익이 줄자 가격경쟁은 점차 완화되고 있는 추세다.

한편 국내 1위 생활용품업체인 LG생활건강의 경우 생활용품시장에서 프리미엄화 전략으로 2005년부터 2012년까지 연평균 10%의 매출성장과 지속적인 이익률 확대를 기록하였다. 그러나 가격경쟁이 심화되고, 유통업체의 가격결정력이 높아지면서 LG생활건강의 생활용품 사업 또한 2013~2014년 매출성장률(일본사업 제외)이 5%로 둔화하는 등 영업에 타격을 받았다. LG생활건강은 장기적인 브랜드력 확보를 위해 지나친 할인경쟁은 지양하고 있으며 차별화된 제품 출시에 집중하고 있다.

**관련 자료 찾아보기 ❷
성공한 세일즈맨들의 스토리**

업종에 관계없이 성공한 세일즈맨들의 스토리를 다양하게 살펴보기 바랍니다. 온라인 자료보다는 개인적인 성공담을 적은 출판서적이 활용도 측면에서 유용할 것입니다. 핵심은 '일에 대한 태도와 실행력, 그리고 사람의 마음을 움직이는 힘'에 있습니다. 일류 세일즈맨은 물건이나 서비스를 '팔려는 사람'이 아니라 '팔리도록 하는 사람'입니다. 무엇이 그렇게 만드는지를 잘 알고 있는 사람인 거죠. LG생활건강은 특수 직군을 제외한 신입직원 모두를 일정 기간 영업직에 근무토록 하는 회사입니다. 따라서 자신의 성향이나 재능이 특정 직군에 맞춰져 있더라도 영업맨으로서의 기본기를 어떻게 보여줄 것인지에 대해 고민해보기 바랍니다.

'P&G의 C&D(Connect & Development)'를 키워드로 관련 내용을 확인해보기 바랍니다. LG생활건강은 2006년 지속가능한 성장 전략을 위해 세계 1위 P&G의 R&D 기능을 확장한 개방형 연구개발 전략인 'C&D'를 도입했습니다. 'i-connect(iconnect.lgcare.co.kr)'가 C&D의 공식 사이트명이기도 합니다. 기업이 외부의 지식과 기술을 연결 및 개발하는 연구방식을 말하는데, 자체 R&D에 의존하는 것보다 시장 대응이나 비용 측면에서 유리한 점이 있습니다. '죽염 은강고치약', '오휘 더 퍼스트', '케어존 NB클리닉 스킨닥터', '숨37', '미세모 칫솔' 등이 대표적인 C&D 성공 사례로 거론됩니다.

프리미엄 생활용품업체 위주로 수익성 개선 기대

경기둔화와 업체 간 가격경쟁으로 인해 2014년 생활용품시장(6대 카테고리 기준-샴푸·린스, 바디·비누, 치약·칫솔, 세탁세제, 섬유유연제, 주방세제)은 전년대비 3.2% 감소했다. 2012년부터 시작된 대형 유통업체 규제 영향과 더딘 경기회복 탓에 주요 생활용품업체들의 매출 및 이익 성장은 제한적이었다. 그러나 2014년 2분기부터 국내 시장점유율 1위 업체인 LG생활건강을 중심으로 지나친 할인으로 낮아진 제품가격에 대한 대책으로 가격정상화를 추진하였다. 아직까지 전체 생활용품시장의 뚜렷한 회복은 보이고 있지 않지만, 대형 유통업체 규제 영향의 완화와 주요 업체의 가격정상화 노력으로 2015년부터는 생활용품시장의 역시장 폭은 줄어들 것으로 보인다. 특히 웰빙열풍과 고기능상품 출시에 따른 프리미엄 시장 활성화와 소비자 니즈의 다양화에 맞춰 틈새시장을 개척하는 기업 중심으로 매출 및 이익이 성장할 것으로 보인다.

LG생활건강의 경우 헤어케어나 바디용품 같은 개인생활용품을 집중적으로 육성하고 있는데 이와 같은 전략은 이익률 측면에서도 긍정적일 것이다. 특히 프리미엄 라인인 '리엔 윤고' 헤어제품이 중국인들 사이에서 인기를 끌기 시작하고, 퍼퓸라인을 선보인 바디제품 '온더 바디'의 매출이 증가하고 있기 때문이다. LG생활건강의 생활용품 사업은 장기적으로 다양한 카테고리에서 제품의 프리미엄화와 온라인 경쟁력 강화로 시장 대비 높은 성장을 보일 것으로 보인다.

선진국 생활용품시장의 역사를 살펴보고 배울 점을 찾아봅시다. 선진국의 생활용품시장 역사는 200년이 넘습니다. 미국에는 P&G, 콜게이트, 킴벌리크라크, 유럽에는 유니레버, 바이어스도프, 레킷벤키저, 헨켈 등이 있고, 일본에는 카오, 라이온 등이 시장을 과점하고 있습니다. 세계 1위 P&G의 2014년 매출액은 약 830억 달러로 LG생활건강의 44억 달러, 아모레퍼시픽의 36억 달러에 비해 20배 이상 됩니다. 미국 주식시장의 역사를 보면 지난 50년간 최고의 성과를 보였던 주식 중에서 절반가량이 P&G와 콜게이트 같은 필수 소비재 기업이라고 합니다. 이는 소비자 수요 확대만으로는 설명하기 어렵습니다. 프리미엄화나 지역별 맞춤 전략과 같은 기업들의 혁신 노력이 뒷받침되었기 때문에 가능할 것입니다. 소비재 기업을 준비함에 있어서 이런 글로벌 기업들의 성공 스토리를 잘 챙겨보기 바랍니다.

관련 자료 찾아보기 ❹
글로벌 필수 소비재 기업들의 연혁과 경쟁력

위에서 언급된 글로벌 필수 소비재 기업들의 연혁이나 경쟁력을 정리해보기 바랍니다. 적어도 국내 생활용품 1위 기업에 지원하는 경우라면 글로벌 기업들의 이름이나 히트 제품명 그리고 간략한 성장 역사 정도는 꿰고 있을 필요가 있습니다. 입사 후 업무 과정에서 빈번하게 나오는 이름들인데 친근한 느낌이 없다면 실무에도 마이너스 요인이 됩니다.

02

아시아에 미美의 한류를 가져온 화장품산업

빅 2가 주도하는 국내 화장품산업

우리나라 화장품시장은 한국전쟁 이후 본격적으로 대량생산이 시작되었으며 국민소득의 상승과 여성 취업인구 증가 추세에 힘입어 1980년대 이후 급속한 발전을 이룩해왔다. 1990년대 중후반을 화장품산업 발달의 초기국면으로 볼 수 있는데, 이 기간 동안 국내 주요 화장품업체들은 주로 선진국으로부터 화장품 원료를 수입해서 완제품을 출시하는 방식에 의존했었다. 2000년내에는 에스디로더, 사넬, 랑콤 등 해외 유명 화장품들이 본격적으로 한국시장에 진출하면서 국내 주요 업체들과 경쟁이 심화되었다. 또한 에이블씨엔씨가 화장품 가격의 거품을 제거한다는 개념으로 '미샤'라는 브랜드를 출시함에 따라 중저가의 화장품 브랜드숍을 선보이기 시작했다.

국내 주요 화장품업체의 시장점유율 증가

구분	2012	2013	2014
아모레퍼시픽	31.1	32.7	32.5
LG생활건강	15.8	16.8	16.9
합산 점유율	45.6	48.8	49.7

자료: 칸타월드패널

2014년 말 기준, 아모레퍼시픽과 LG생활건강이 국내 화장품시장 점유율의 절반가량을 차지하고 있다. 이는 국내 화장품산업의 구조가 이 상위 2개 회사에 의한 과점적 형태임을 의미한다. 이와 같은 과점 현상은 1980년대 이후 판매경쟁이 심화되면서 자금동원력이 양호한 업체들이 시장지배력을 강화한 데 따른 것이다. 또한 상위 업체들은 고가부터 저가까지 다양한 가격대의 브랜드 포트폴리오를 보유하고 있으며, 빠르게 변화하고 있는 고객 니즈를 충족시키는 트렌디한 상품을 출시함에 따라 히트 상품을 지속적으로 판매하는 능력을 갖추게 되어 성장세가 지속되는 것으로 파악된다.

멘토의 Tip ③ 국내 화장품산업 근간 찾기

국내 화장품산업의 뿌리를 찾아봅시다.

국내 화장품산업은 1990년대부터 본격적으로 성장하였지만 그 역사는 100년이 넘습니다. 중앙일보 2012년 5월 23일자 '한국화장품

‘100년’ 기사를 보면 최초의 화장품은 1915년 두산그룹의 모태 ‘박승직 상점’에서 낸 ‘박가분’을 근대 화장품의 효시로 본다고 합니다. 하지만 납 성분 문제로 오래가지 못하고 사라집니다. 이후 1932년 현 아모레퍼시픽 서경배 회장의 조모인 윤독정이 잡화점을 운영하면서 개발한 머릿기름을 근대 화장품의 한 획을 그은 상품으로 평가하고 있습니다. 1947년에는 LG그룹 창업주인 故 구인회 회장이 화장품 사업에 뛰어들면서 ‘럭키크림’을 내놓습니다. LG생활건강의 전신인 ‘락희화학공업사’에서 출시한 첫 화장품이기도 합니다. 현재 국내 화장품시장을 양분하고 있는 아모레퍼시픽과 LG생활건강의 뿌리가 이런 과거 역사에서 출발하고 있음을 참고하기 바랍니다.

관련 자료 찾아보기 ❺
검색 키워드, 국내 화장품 역사

‘국내 화장품 역사’를 키워드로 관련 내용을 살펴보기 바랍니다. 1950년대 이후 최근까지 시기별로 어떤 화장품이 인기를 끌었는지, 거기에는 어떤 사회적 배경이 있었는지도 살펴보기 바랍니다. 화장품 소비자의 기호가 사회적 트렌드나 분위기에 많은 영향을 받고 있음을 인식하고, 이를 통해 LG생활건강이 앞으로 펼쳐갈 화장품 마케팅 및 영업 전략의 방향도 고민해보기 바랍니다.

기호성과 유행성이 강한 화장품산업

화장품은 유행에 민감한 대표적인 상품으로 다품종 소량생산한다. 일반적인 소비재에 비해 기호성과 유행성이 강하며 제품의 라이프사이클이 짧아 신상품 개발이 자주 이루어지고 있다. 국민의 생활수준 향상은 곧 아름다운 외모에 대한 관심으로 이어졌다. 화장품시장은 여성의 경제활동 참여율이 높아지며 인당 소비금액이 증가했고, 전반적인 생활수준 향상으로 소비 연령과 성별 확대 등을 기반으로 성장을 지속해왔다. 흥미롭게도 소비자들은 소득수준이 상승할 경우 고가의 화장품을 구입하는 등 화장품 관련 소비를 늘리는데 반해(높은 소득탄력성), 소득이 낮아지더라도 화장품에 대한 지출을 쉽게 줄이지 않아(낮은 소득탄력성) 비대칭적 소득탄력성을 나타내고 있다.

다만 2011년부터 국내 경기둔화에 따른 가계구매력 저하로 국내 화장품에 대한 소비 역시 영향을 받았다. 소득과 소비의 양극화현상이 진행되면서 고가 중심의 소비층과 합리적인 소비계층으로 양분화되어 각각의 시장이 성장세를 보여줬던 것이다. 기존 소비자들이 브랜드 가치에 만족을 느꼈다면, 최근에는 적정한 가격으로 높은 품질과 즐거운 경험을 부여하는 상품을 선호하는 합리적인 구매행태를 보이고 있다. 이러한 현상은 고가부터 저가까지 모든 가격대의 소비자들에게 공통적으로 나타나고 있다. 또한 혁신적인 제품과 차별화된 브랜드를 선호하고 있어 화장품업체들의 꾸준한 품질향상이 요구되고 있다.

한편 전통적으로 화장품산업은 습도가 높고 기온이 올라가는 하절기에는 판매가 하락하고, 날씨가 건조하고 추워지는 동절기에는 화장품 사용 증가로 판매가 늘어나는 모습을 보인다. 하지만 최근, 자외선 차단 제품과 미백 화장품처럼 하절기용 기능성 제품이 다양하게 개발되고 사용이 보편화되면서 계절적인 변동요인이 점차 축소되고 있는 추세다. 이에 따라 화장품업체들은 기술발전과 정보홍수로 빠르게 변화하고 진화해가는 소비자의 다양한 선호를 충족시킬 수 있는 보다 차별화된 콘셉트의 제품 개발에 힘쓰고 있다.

멘토의 Tip ④ 화장품이 일반 소비재와 다른 점 알아보기

화장품이 일반 소비재와 다른 점을 인지해둡시다.

화장품은 일반 소비재와는 달리 다양한 산업 특성을 갖고 있습니다. 소비자 기호에서부터 소비자 소득수준, 계절성, 제품 수명 주기까지 다양합니다. 화장품 세일즈 전략을 수립하는 첫 번째 단추는 바로 이런 산업적 특성에 대한 이해이므로 개략적인 윤곽을 잘 잡아두기 바랍니다. 또한 화장품 기업으로서 지원자의 미적 감각도 중요하게 볼 것이므로, 자신의 미적 감각을 어떻게 증명할 것인지에 대해서도 잘 살펴보기 바랍니다.

국내외 화장품산업 동향에 대한 상세한 내용은 한국보건산업진흥원이 발간한 〈2014년 화장품산업 분석보고서〉를 참고하기 바랍니다. 최근 국내외 기업별, 제품군별 최신 동향을 살펴볼 수 있어 화장품 업계를 준비한다면 꼭 챙겨봐야 할 자료입니다. 이밖에도 화장품 관련 인터넷 언론매체(예컨대 장업신문, 뷰티코리아뉴스 등)에도 좋은 자료가 많으므로 자주 활용하기 바랍니다.

건강한 피부, 남녀노소가 원하는 대세

화장품은 최근 소비자들의 아름다움 특히 건강한 피부에 대한 관심이 높아짐에 따라 젊은 여성들만의 전유물에서 탈피하여 구매층의 저변이 확대되고 있는 추세다.

예컨대, 고령화가 진행되면서 특히 정기적인 소득이 있는 노인인구의 증가로 인해 실버화장품에 대한 수요가 늘어나고 있는 상황이다. 따라서 노화방지, 주름개선 제품 같은 기능성 화장품시장에 대한 성장 잠재력이 기대되고 있다. 현재 국내 고령인구 비중은 13% 정도지만 점차 고령화 추세가 가파르게 진행될 것으로 예상되고 있다. 특히 고령층의 경우 상대적으로 평균 소비성향은 낮지만, 건강, 미용, 여가 등의 문화 관련 소비를 확대시키고 있다는 점을 주목할 필요가 있다.

또한 필요한 제품을 낱개로 사는 20~30대 소비층과 달리 50대 이상 소비자들은 세트로 구매하는 경향이 높기 때문에 객단가가 높은 편이다. 따라서 향후 국내 고령화 이슈는 화장품시장의 성장을 뒷받침할 중요한 요인으로 평가될 수 있다.

또한 외모가 경쟁력이 된다는 인식이 확산되면서 남성들도 외모 가꾸기에 열중하고 있다는 점 역시 주목할 요인이다. 국내 남성화장품 시장규모는 지난 2009년 약 6,500억 원에서 2014년 약 1조 1,000억 원으로 성장하며 연평균 약 11%의 높은 성장을 보였다. 자기 자신을 가꾸는 남자란 뜻의 '그루밍족'이란 용어가 생긴 이후, 규모가 점점 커지면서 남성화장품은 이미 전체 국내 화장품시장의 10%를 차지하며, 전 세계에서 가장 큰 남성화장품 시장을 형성하게 된 것이다. 국내 남성들이 사용하는 주요 품목은 로션, 바디클렌저, 선크림 등이고, 수분크림이나 비비크림 같은 미용제품도 많이 판매된다. 이처럼 남성 화장품에 대한 수요 증가와 남성들의 피부 고민이 과거와 달리 세분화되며 화장품 업계들도 기능성 제품 등 다양한 상품군을 만들고 있다.

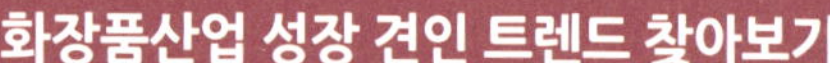

화장품산업 성장 견인 트렌드 찾아보기

화장품산업의 성장을 이끄는 트렌드가 무엇인지 잘 살펴봅시다.
여러 가지 트렌드가 화장품산업의 성장을 가져옵니다. 그러한 트렌드의 예로 아름다움에 대한 국민들의 관심, 실버화장품에 대한 수요, 기능성 화장품에 대한 니즈, 50대 이상 소비자들의 세트 구매 성향, 남성들의 화장품 사용량 급증, 한류화장품K-cosmetic 인기 확산 등을 생각해볼 수 있습니다. 이 중에서 실버화장품, 남성화장품, 한류화장품, 세트화장품과 같은 단어는 화장품 제조사 입장에서 매우 중요하게 인식하는 것인 만큼 보다 상세한 이해를 갖춰두기 바랍니다. 각각의 시장규모, 시장참여자, 국내외 시장동향 정도는 꼭 챙겨두기 바랍니다.

다양한 소비 형태와 다양한 포트폴리오

화장품산업의 매출에 영향을 주는 수요상의 변수들은 문화, 소비, 기호, 인구 등이다. 사람들은 기본적인 의식주에 대한 욕구가 해소되고 나면 문화생활에 관심을 갖게 되고, 이는 곧 미美에 대한 추구로 이어지며 화장품 소비로 이어진다. 또 최근 소비자들 사이에서 소비양극화와 1인 가구 증가 같은 사회적 이슈가 부각됨에 따라 가격보다 가치 중심의 소비가 확산되고 있다. 이는 무조건 저렴한 물건을 소비하는 것이 아니라, 특정 상품에 대해 최소한의 비용으로 최대한의 효용가치를 추구한다는 것을 의미한다. 이러한 소비행태는 화장품에서도 적용되는데 트렌드에 민감한 여성들이 주요 고객인 산업의 특성상 즐거운 경험에 대한 가치 추구는 차별화된 상품에 대한 수요로 이어진다.

소비양극화 및 소비행태 다변화로 인해 국내 주요 화장품업체들은 다양한 포트폴리오를 구성하고 있다. LG생활건강은 후, 오휘, 숨 같은 고가브랜드를 바탕으로 면세점 및 온라인처럼 급성장하는 채널에 집중하며 높은 성과를 달성하고 있다. 또 저가브랜드인 더페이스샵은 국내뿐만 아니라 해외에서 매장 및 채널 확대를 통해 시장지배력을 높여가고 있다.

화장품은 생활필수재이면서 동시에, 일정 수준 이상의 생활수준에 도달할 경우 소비하게 되는 성격이 강하다. 하지만 경기 상황에 따라 저가를 지향하기도 한다. 저가 브랜드숍 성장이 가능했던 이유다. 다만 국내 브랜드숍 시장이 어느 정도 포화상태에 이르러 추가적인 신규 진입자는 많지 않을 것으로 보이며 상위 업체들이 추구하는 이미지 콘셉트가 차별화되고 있는데다가 해외 시장까지 개척하고 있어 향후 상위 업체들의 성장은 지속될 것으로 보인다. 반면 이미지 차별화가 없는 후발업체들은 경쟁력을 갖기 힘들 전망이며, 앞으로 도태되거나 인수합병의 대상이 될 여지가 클 것으로 보인다.

 **화장품 마케팅 전략에 대해 자세하게 알아봅시다.**

국내 화장품산업은 아모레퍼시픽과 LG생활건강이 양강구도를 이루고 있지만, 시장경쟁은 여타 산업에 비해 매우 치열합니다. 트렌드에 따라 중저가 상품이 대세를 이루다가도 취향에 따라 고가의 기능성 화장품이 불티나게 팔려나가기도 합니다. 이런 소비자의 마음을 따라잡기 위해서는 다양한 마케팅 전략이 병행되어야 합니다. LG생활건강 입사를 준비하고 있다면 우선 화장품 마케팅과 브랜드 전략에 대한 개략적인 이해 정도는 갖춰두기 바랍니다.

관련 자료 찾아보기 ❼
검색 키워드, '화장품 마케팅'

'화장품 마케팅'을 키워드로 관련 내용을 탐색해보기 바랍니다. ▲10대와 20대를 겨냥한 마케팅 성공 사례 ▲여성의 심리를 활용하는 사례 ▲카카오톡 같은 SNS 메신저를 활용한 사례 ▲스타급 모델 마케팅의 새로운 시도들(예컨대 스타와 함께 여행 떠나기, 스타의 직접 판매 참여 활동 등) ▲영화관, 놀이동산, 서점 등 이색공간을 활용한 매장 전략 ▲사회공헌 마케팅 전략 ▲블랙프라이데이 같은 대규모 할인 행사 등 다양한 주제들이 있을 겁니다. 일반인에게도 익숙한 이런 내용들부터 정리해보기 바랍니다.

빅 2의 국내 시장점유율은 지속적 확대 중

화장품시장은 진입 장벽이 낮아 신규 업체 및 후발 업체의 시장 진입이 용이하다. 현재 대형사 및 중·소형사를 포함하여 약 300여 개 이상의 업체들이 국내 화장품시장에 진입해 있다.

최근 국내 상위 10대사 실적을 기준으로 살펴보면, 상위 업체의 시장점유율이 80%를 넘어 과점시장의 형태를 보이고 있다. 까다로운 내수환경에도 불구하고 상위 두 개 업체인 아모레퍼시픽과 LG생활건강의 내수점유율은 확대 추세에 있다. 이는 지속적인 연구개발을 통한 제품의 품질 개선 및 브랜드 경쟁력의 강화와 소비자들의 니즈에 부응하기 위해 차별화된 전략 때문이라고 보여지며, 궁극적으로는 이 두 업체가 글로벌 업체 대비 경쟁력이 강화되고 있음을 입증한다.

화장품 소비에서 온라인 판매의 중요성이 증대하면서, 국내 업체의 시장점유율은 꾸준히 상승할 것으로 예상된다. 경기부진으로 국내 소비자들은 비싼 프리미엄 해외제품 구매를 꺼리고 있고, 글로벌 브랜드의 주요 판매 채널인 백화점 방문 역시 줄어들고 있기 때문이다. 반면 국내업체들은 소비자 취향 및 트렌드 변화에 신속하게 대응하고 있어 대조적이다. 결국 장기간 기술력과 품질에 대한 투자로 인해 다수의 히트 브랜드를 보유한 국내 주요 화장품업체들은 내수시장 지배력을 꾸준히 강화할 전망이다.

중저가 화장품산업의 치열한 경쟁

한편, 국내 중저가 화장품시장은 아웃소싱 제품을 바탕으로 마케팅과 유통망에 집중한 브랜드숍 위주로 성장해왔고, 이로 인해 영세한 기존 전문점 채널은 쇠퇴하였다. 일례로 국내 단일 브랜드숍의 대표 업체인 에이블씨엔씨의 경우 2008년에서 2013년 사이 연평균 매출증가율이 32%를 기록하였다. 이와 같은 높은 매출 성장과 시장의 낮은 진입 장벽 덕에 다수의 업체가 시장에 진출하게 되었다. 2008~2009년 토니모리, 네이처리퍼블릭, 스킨푸드와 같은 신규 업체의 진입은 2012년부터 2013년까지 가격경쟁 심화로 이어졌다. 브랜드와 품질경쟁력을 갖춘 회사는 경쟁 업체 대비 높은 매출 성장과 수익성 개선을 누리는 반면 그렇지 못한 업체는 매출 감소 혹은 영업 손실까지 기록하게 되었던 것이다.

브랜드숍 특성상 소비취향의 변화가 빠르고, 저가시장인 만큼 모방제품이 남발되고 있어 각 기업마다 주력상품의 독점력은 거의 없는 편이다. 그러다보니 시장점유율 확보를 위해 업체들의 가격경쟁이 시작되었다. 이처럼 치열한 경쟁은 할인일수 증가에서도 찾아볼 수 있다. 상위 5개 업체의 연간 할인일수를 살펴보면 지난 2010년 50일에서 2013년 370여 일로 크게 늘어났다. 이 같은 치열한 할인경쟁은 브랜드숍 업체의 외형은 성장시켰으나, 이익에는 부정적으로 작용해 2014년에는 할인일수가 소폭 줄어들어드는 등 경쟁 완화의 시그널을 보였다. 그러나 차별화된 제품 출시 등 제품경쟁은 여전히 심한 편이다.

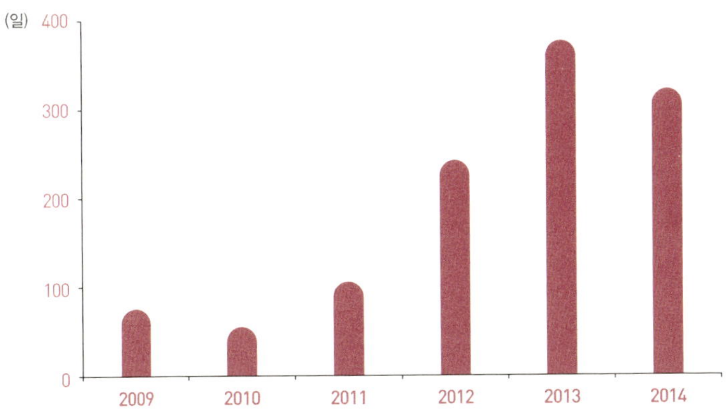

*상위 5대 브랜드: 더페이스샵, 이니스프리, 에뛰드, 에이블씨엔씨, 네이처리퍼블릭
자료: 각 사

멘토의 Tip ⑦ 주가 차트로 화장품기업 스토리 파악하기

화장품시장을 둘러싼 주요 기업들의 주가 차트를 보면서 스토리를 파악해봅시다.

에이블씨엔씨로 대표되는 중저가 화장품시장의 성장세는 그동안 비약적인 모습을 보여왔습니다. 주가가 모든 것을 말해준다고 할까요. 업계 1위 아모레퍼시픽조차 2013년끼지만 하더라도 성장에 대한 고민이 무척 컸다는 평가입니다. 다음의 주가 차트(월 기준 차트)를 한번 보겠습니다.

에이블씨엔씨는 2010년부터 중저가 화장품 붐에 올라타면서 2012년 말까지 1만 원이었던 주가가 7만 5,000원까지 폭등합니다. 반면 아모레퍼시픽은 동기간 주가 변화가 거의 없었습니다. 이때 아모레퍼시픽은 중저가 아이템으로 회사의 주력 제품을 완전히 전환해야 할지 많은 고민이

있었을 겁니다. 하지만 아모레퍼시픽은 또 한번의 '혁신'을 부르짖습니다. R&D에서 생산, 물류, 영업, 고객에 이르기까지 전 부문의 혁신을 통해 전통의 1위 영역인 고가 기능성 화장품의 수준을 한 단계 더 끌어올리는 전략을 취하게 됩니다. 아모레퍼시픽 주가가 2014년부터 폭등하는 모습이 이를 증명해주고 있습니다. 반면 LG생활건강은 두 회사와 비교하면 드라마틱한 이미지는 약하지만 효과적인 M&A와 강력한 마케팅 전략을 통해 무서운 성장세를 보여주고 있습니다. 다음의 주가 차트를 보겠습니다.

2010년부터 2015년 7월까지만 보면 상대적으로 우상향의 꾸준한 모습입니다. 이는 LG생활건강의 사업 포트폴리오에 기인하고 있다고 보여집니다. 여름철 화장품이 잘 안 팔릴 때 음료가 매출을 채우는 식으로 말이죠. 사업군이 분산되어 있으면 아무래도 매출이나 수익의 안정화에는 큰 도움이 됩니다. LG생활건강의 주가는 2005년 차석용 부회장이 취임할 때만 하더라도 5만 원 안팎에서 움직이고 있었는데, 2015년 4월 거의 100만 원에 육박한 것입니다. 이런 주가 흐름이 어떤 스토리에 의해 만들어졌는지 역으로 추적해보는 것도 흥미로울 것입니다. 아무튼 화장품 업계를 둘러싼 '삼국지'와 같은 일련의 스토리를 잘 챙겨보기 바랍니다.

관련 자료 찾아보기 ⑧
검색 키워드, '화장품기업 주가'

'화장품기업 주가'를 키워드로 관련 언론 기사들을 찾아보기 바랍니다. 주가에 관한 언론기사는 시장 상황이나 주요 기업의 경쟁력을 엿볼 수 있는 좋은 재료입니다. 주가를 설명하기 위해 기자들은 매우 다양한 채널을 가동하고 인터뷰 과정을 거칩니다. 그렇기 때문에 아무래도 외부에서는 자세히 볼 수 없는 회사의 전략과 고민을 엿볼 수 있게 되는 겁니다. 기업의 입장에서도 주가에 항상 목매는 것은 아니지만, 주주가치 제고라는 큰 경영과제가 있기 때문에 주가 흐름과 시장 평가를 면밀하게 모니터링하기 마련입니다.

프레스티지 화장품의 수익성 전망

현 시점에서 살펴보면 상위 브랜드업체의 수익성은 지속적으로 개선될 것으로 보인다. 소비자들의 합리적인 구매성향과 모바일을 중심으로 하는 온라인 등 디지털 채널을 통해 구매가 늘어나고, 해외관광객 증가로 면세점 채널을 통한 매출증가도 나타나고 있다. 특히 고가 화장품 기업의 수익성 개선이 뚜렷하게 나타나고 있는데, 이는 고마 진 면세점과 온라인 판매가 주원인이다.

구체적으로 면세점 채널에서 판매되는 주요 제품은 아모레퍼시픽의 '설화수', LG생활건강의 '후'처럼 대부분 고가이며 백화점과 대비해서 회전율이 높기 때문에 이익률이 높은 특성이 있다. 또한 온라인 채널은 매장 투자비나 노무비 같은 부가비용이 들어가지 않고, 판매 수수료가 오프라인 채널 대비 현저히 낮기 때문에 타 채널 대비 높은 이익률을 나타낸다. 영업이익률 기준으로 면세점은 20% 중반, 온라인 은 20% 초반으로 추정되고 있으며, 이는 백화점의 7~8%, 방문판매의 10% 후반대의 이익률보다 높은 수준이다.

LG생활건강의 경우 '후' 브랜드의 약진이 면세점을 비롯한 프레스

LG생활건강 화장품 매출 및 영업이익 가파르게 성장 중

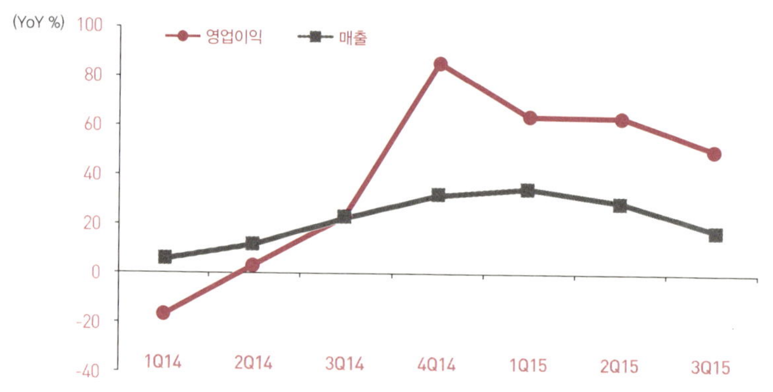

자료: LG생활건강

티지 전 채널에서 계속되는 가운데, '숨', '오휘', '빌리프' 같은 브랜드들도 성장하여 2014년 프레스티지 매출이 전년대비 61%, 2015년 상반기에는 84% 성장하였다. 전체 화장품 매출에서 고마진 프레스티지 화장품의 비중이 2013년 28%에서 2014년 39%, 2015년 상반기 49%까지 증가하면서 수익률 개선을 견인하였다. 특히, 면세점 매출은 '후'가 국내 주요 면세점에서 시계, 보석을 포함하여 전 카테고리 매출 1위를 차지하며 전체 화장품 매출 및 이익 성장을 견인하고 있다.

최근 LG생활건강의 프레스티지 화장품 매출은 2015년 7~8월 메르스의 여파로 중국관광객 감소 영향에도 불구하고 높은 성장률을 보였다. 특히 프레스티지 화장품은 2015년 3분기 전년동기대비 41% 성장을 이루었으며, '후'와 '숨'의 면세점 매출이 고성장하면서 불리한 외부환경의 영향에도 브랜드 입지를 다지고 있는 상황이다. 이는 LG생

LG생활건강 프레스티지 화장품 국내 시장점유율 트렌드

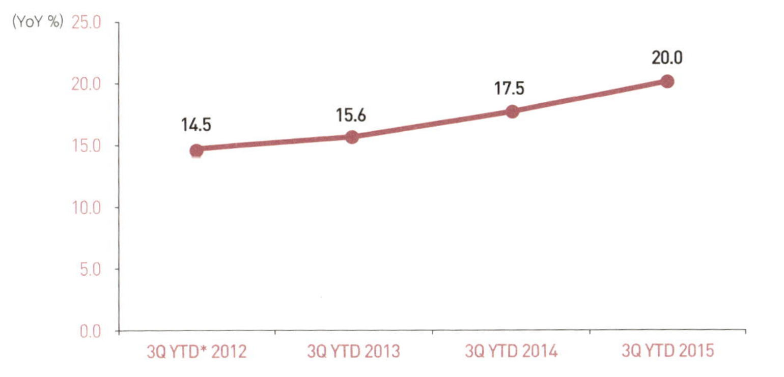

*YTD: Year To Date
자료: LG생활건강

활건강의 브랜드에 대한 중국인 소비자들의 높은 선호도를 나타내고 있으며 이러한 트렌드는 메르스의 영향이 마무리되고 브랜드 가치가 높아지면서 더욱더 지속될 것으로 보인다.

브랜드 '후'의 성장 전략에 대해 알아봅시다.
고가 화장품 라인 중에서 '후'의 성장세는 놀랍습니다. 국내 면세 시장에서 늘 1등이었던 루이비통, 샤넬 등 해외 유명 브랜드를 제치고 '후'가 2014년 드디어 롯데면세점 전체 매출 1위를 차지했습니다. 중국, 대만, 홍콩 등 중국인 관광객들이 우리나라에 오면 반드시 들르는 곳이 LG생활건강의 '더 히스토리 오브 후' 매장이라고 합니다. 이런 성공에 어떤 전략이 숨어 있는지 잘 살펴보기 바랍니다.

관련 자료 찾아보기 ⑨
검색 키워드, 'LG생활건강 후'

'LG생활건강 후'를 키워드로 해서 관련 기사나 분석자료를 체크해보기 바랍니다. 'LG그룹 블로그(www.lgblog.co.kr)'를 방문해도 성공요인에 대한 분석 글이 있으므로 참고하면 좋겠습니다. 차별화된 가치, 재구매를 유도하는 품질경쟁력, 현지 사정에 맞는 맞춤형 글로벌 전략 등으로 요약하고 있는데, 보다 구체적인 내용은 관련 자료를 통해 탐색해보기 바랍니다.

중저가 화장품의 수익성 전망

  한편, 중저가 유통 채널인 로드숍의 경우 기업별로 차이는 있으나 시장 전반적으로 수익성이 더 이상 나빠지지는 않을 것으로 보인다. 이는 많은 브랜드숍 업체들이 이미 적자를 기록하거나 이익률이 감소해왔을 뿐만 아니라 상위 업체들이 지나친 할인행사를 줄여나가고 있기 때문이다. 2014년 국내 원브랜드숍 시장 규모는 약 2조 6,000억 원 정도로 추산되는데, 상위 업체인 더페이스샵과 이니스프리의 합산점유율이 약 40%다. 이들 상위 그룹이 앞서서 다양한 콘셉트의 프리미엄 제품을 출시하고 있고, 이러한 노력의 결과 대상 소비자의 연령층이 확대되고 중국인 관광객 효과를 가속화시킬 것으로 보인다.

Fig 10

상위 7개 브랜드숍 업체 합산 매출은 증가하고 있으나, 영업이익률의 성장은 정체상태

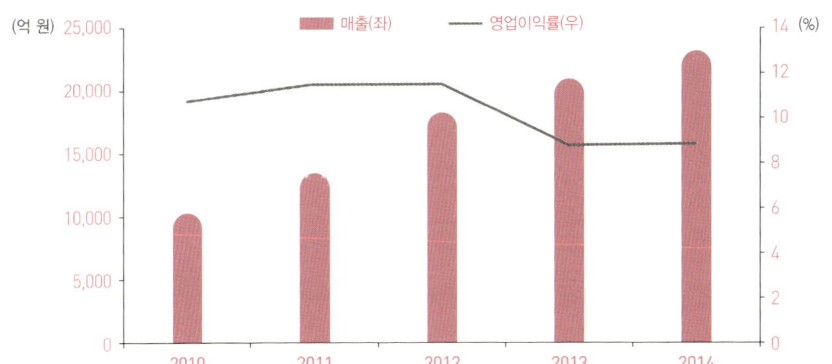

*상위 7대 브랜드: 더페이스샵, 이니스프리, 에뛰드, 에이블씨엔씨, 네이처리퍼블릭, 토니모리, 스킨푸드
자료: 각 사

LG생활건강의 더페이스샵은 2014년 9월에 R&D 이노베이션센터를 오픈하여 센터를 통해 생산속도를 높이고 비용을 절감하는 가운데 주력 제품은 자체 생산을 통해 타사와 차별화를 두려고 하고 있다. 한편, 2014년 더페이스샵의 영업이익률은 2013년 대비 2%포인트 감소하였는데 이는 국내 사업의 할인경쟁에 기인한 것으로 파악된다. 그러나 국내 사업이 수익성 위주로 진행되며 R&D센터가 효율화되는 모습을 나타내고 있어, 향후 수익성은 더 이상 악화되지 않을 것으로 보인다.

중저가 화장품에 대한 주요 기업별 전략을 정리해봅시다.

중저가 화장품 군은 현재 성장이 답보 상태에 놓여 있습니다. 다만, 그동안 여러 업체들 간 가격경쟁에 따른 후유증이 극심하였으나 이제는 제품 차별화를 통해 각자 생존의 길을 찾고 있는 모습입니다. 중저가 화장품시장에 나타나고 있는 각 회사별 전략을 꼼꼼하게 정리해보기 바랍니다. 최근 중저가 브랜드는 타깃 고객층을 40대까지 아우르고 있기 때문에 당연히 '프리미엄 라인'에 집중하는 모습인데, 각 브랜드별 대표 상품의 이름 정도는 체크해두면 좋겠습니다. 시간적 여유가 된다면 각 브랜드별 특징과 비교우위 요소를 정리해보고 LG생활건강의 대응 전략을 도출해보기 바랍니다.

'중저가 화장품시장'을 키워드로 주요 기업들의 대응 전략을 체크해보기 바랍니다. 2015년 3월 21일자《한국경제신문》기사를 보면 미샤의 6,800원짜리 매직쿠션, 토니모리의 124시간 수분유지 영양크림, 이니스프리의 제주 탄산수 미스트, 네이처리퍼블릭의 고보습 영양크림, 더페이스샵의 캐릭터 마스크팩 등 중저가 화장품시장에서 일어나고 있는 '가성비' 중심의 차별화 전략을 잘 엿볼 수 있습니다.

03

생활 속 상쾌함을 만드는 음료산업

국내 음료산업의 양대 산맥, 롯데칠성음료와 코카콜라음료

국내 음료 중 청량음료는 1930년대 서울과 평양을 중심으로 최초로 판매되기 시작했다. 이후 다양한 음료판매업체가 설립되면서 시장이 형성되었고, 1950년 롯데칠성음료의 전신인 동방청량음료가 칠성사이다를 처음 출시하면서 음료산업이 본격화되었다. 현재 국내 주요 음료업체는 롯데칠성음료와 코카콜라음료(LG생활건강)가 있으며 이 두 회사의 시장점유율은 약 60% 수준이다.

역동적인 음료시장 트렌드

　최근 음료시장은 커피 및 생수, 기능성음료 등이 꾸준한 성장세를 보이고 있는 반면, 주스 등은 역신장하며 시장구조가 개편되고 있다. 소비트렌드 역시 고가의 기능성음료와 저가의 PB(Private Brand) 제품 등의 소비가 확대되어 소비의 양극화가 진행되고 있다. 전체적으로는 탄산음료, 커피, 생수 시장이 성장을 주도하고 있다. 채널별로 살펴보면 대형 유통업체의 의무휴업에 따라 소비가 위축되었고, 편의점 채널의 성장률이 둔화되며 음료시장의 저성장이 지속되고 있다.

Fig 11

음료업체의 국내 시장점유율 현황 – 1위와의 격차를 좁혀가는 코카콜라음료(LG생활건강)

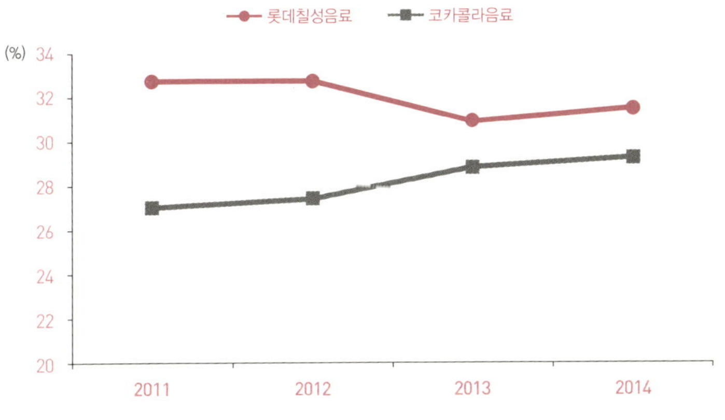

자료: 닐슨, 한국리서치

 '영업력'의 관점에서 『바로 간다, LG생활건강』을 전략적으로 활용해봅시다.

　　LG생활건강의 사업부문은 Healthy(생활용품), Beautiful(화장품), Refreshing(음료)으로 구성되어 있으며, 국내에서 생활용품부문 1위, 화장품부문 2위, 음료부문 2위 자리를 각각 차지하고 있습니다. 화장품과 생활용품에서는 아모레퍼시픽과, 음료는 롯데칠성과 각각 1위 싸움을 하고 있습니다. 약간은 성격이 다른 3가지 영역에서 국내 1위를 지향하다 보니 LG생활건강은 신입사원 선발에서 '영업력'을 중요한 잣대로 삼는다는 평가입니다. 영업력은 이론보다는 실행에 초점을 두는 말이지만 지식이나 정보의 뒷받침이 없다면 그것만큼 무모하고 위험한 일은 없을 것입니다. 이 점을 항상 염두하면서 『바로 간다, LG생활건강』을 전략적으로 활용하기 바랍니다.

관련 자료 찾아보기 ⑪
LG생활건강의 최근 사업보고서

　　금융감독원 전자공시시스템인 '다트(dart.fss.or.kr)'에 들어가서 LG생활건강의 최근 사업보고서를 찾아보기 바랍니다. 회사의 기본 개요를 먼저 살펴본 뒤, 사업의 내용 메뉴를 자세하게 읽어보기 바랍니다. 본문에도 이름이 차례대로 나오지만 효과적인 기업분석을 위해 미리 LG생활건강의 주요 제품과 브랜드명을 암기한 뒤 진도를 나가기 바랍니다.

계절에 따라 달라지는 음료 매출

음료산업은 타 산업에 비해 경기변동의 영향을 덜 받는 편이지만, 최근 경기회복 지연과 소비자들의 구매력 감소 및 대형 유통업체 영업 규제로 인해 성장률이 둔화되었다. 또한 원부자재의 수입 비중이 높아 환율 및 국제 원자재 가격 변화에 이익이 변동하는 특성을 가지고 있다. 음료시장은 진입 장벽이 낮아 신규 진입이 용이한 편이다. 제약업체, 우유업체 등의 음료 시장 진출이 확대되고 있으며, 앞으로 경쟁업체가 늘어날 것으로 보인다. 음료산업 매출은 계절에 민감하게 반응하는데, 동절기보다 하절기에 크게 성장한다.

음료 매출은 경기, 날씨, 광고 판촉, 사회적 행사, 유통업체들의 신규 출점, 시장 내 신규 진입 등에도 영향을 받는다. 2014년 4월 세월호 사태로 인해 단체행사가 취소되고 국가대표 월드컵 성적이 저조하게 나오면서 광고 판촉이 제한되어 음료 매출이 둔화한 것이 그 예다. 판매 채널이 확대되고 신규 출점이 증가할수록 음료 매출에 긍정적이다. 그러나 음료의 특성상 진입장벽이 높지 않기 때문에 시장 내 신규 진입이 용이하여 경쟁은 치열해지고 있는 상황이다.

 **생활용품과 음료 비즈니스의 본질적인 면을 간파해봅시다.**

생활용품과 음료는 화장품과 달리 대형마트나 할인점, 편의점 등 여러 경쟁사 상품들과 나란히 진열장 위 대결을 펼쳐야 합니다. 재료나 맛에서 특별한 차이점이 없는 한 마케팅과 영업력에서 승부가 갈라질 확률이 높습니다. 이는 제약업계도 유사한 면이 있을 겁니다. 판매처와의 신뢰 구축이야말로 영업에 있어 핵심이 될 수밖에 없습니다. 생활용품과 음료 비즈니스의 이런 본질적인 면을 빨리 간파해야만 취업 준비 방향도 제대로 설정될 수 있습니다. 예컨대, 대형 할인마트에는 여러 생활용품 및 음료 제조사 영업맨들이 들어옵니다. 당연히 마트 입장에서는 기본적으로 제조사의 브랜드나 소비자 선호도를 감안해서 판매 전략을 세울 것입니다. 하지만 실제로는 해당 제조사의 현장 직원이 어떤 노력을 하는가에 따라 마트가 전면에 내세우고자 하는 메이커도 얼마든지 달라질 수 있다는 의미입니다. 영업맨은 그저 물건을 전달하는 사람이 아닙니다. 유통회사 담당자들의 마음을 움직여야 하는 사람입니다. 다수의 제조사 영업맨들 중 판매 담당자의 마음을 누가 더 파고들 수 있느냐의 싸움입니다. 상대방의 마음을 어떻게 얻을지 모르는 상태로는 절대 훌륭한 영업을 해낼 수 없습니다.

LG생활건강이 음료시장에서 1위를 차지하기 위한 방법을 찾아봅시다.

　음료시장에서 LG생활건강은 1위인 롯데칠성음료와의 매출 격차를 계속 축소해나가고 있습니다. 롯데칠성의 매출이 정체세인데 비해 LG생활건강의 매출은 성장세를 지속하고 있기 때문입니다. 2007년 코카콜라, 2009년 다이아몬드샘물, 2010년 한국음료, 2011년 해태음료를 인수하며 덩치를 키웠고, 이제는 국내 1위 자리를 넘볼 수 있는 위치에 올라섰습니다. 이런 흐름이라면 면접에서 '음료시장에서 LG생활건강이 언제 1위가 될 거라고 생각하는가, 그리고 어떻게 해야 그렇게 될 수 있다고 생각하는가'라는 질문이 나올 수 있으므로 미리 생각해보기 바랍니다.

**관련 자료 찾아보기 ⑫
검색 키워드, 음료시장 경쟁**

　'음료시장 경쟁'을 키워드로 관련 자료들을 찾아보기 바랍니다. 1위와 2위 간의 경쟁스토리에 대한 언론기사 혹은 피로나 경쟁 등으로 지쳐 있는 현대인의 니즈에 맞춘 기능성 음료제품 개발 전략 등에 대해 이해도를 높이기 바랍니다. 음료는 대학생들도 자주 마시고 경험해보는 것인 만큼 상황이나 케이스 면접 스타일의 소재로 자주 등장하기 쉬우므로 시장 상황에 대한 이해가 필요하기 때문입니다.

음료시장 1위를 맹추격하는 LG생활건강

　음료시장의 경우 산업 진입장벽이 낮아 신규사업자의 진입이 용이한 편이다. 특히 제약업체, 유업체 등의 비음료회사의 음료시장 진출이 확대되고 있다. 또한 대형유통업체의 교섭력 강화와 시장 장악, 판매 비중의 증가에 따라 납품가 인하, 저가 기획제품의 요구가 높아지면서 음료사업의 위협 요소로 작용하고 있다. 국내 음료산업의 경우 성숙기에 접어들어 성장률이 정체되는 경향을 보이고 있기 때문에 국내 주요 음료업체들은 해외 시장 진출을 통한 새로운 판로를 개척하고 있다.

　LG생활건강은 2008년 코카콜라음료(90% 지분), 2010년 해태음료(100% 지분)를 인수하여 음료시장에 진출하여 현재 롯데칠성음료를 이어 국내 음료시장에서 2위를 차지하고 있다. 그러나 LG생활건강이 음료시장에서 구분하고 있는 8개의 제품 분류 중 탄산음료에서 1, 2위를 차지하고 있을 뿐, 기타 음료부분에서는 상대적으로 낮은 시장점유율을 보이고 있다는 점에 주목할 필요가 있다. LG생활건강은 우수한 브랜드 인지도(예: 코카콜라), 전국에 걸쳐 있는 물류 및 영업망을 통해 제품에 대한 커버리지를 높이고 있다. 또한 지난 수년간 커피(조지아), 탄산수(씨그램), 비타민음료(글라소), 에너지음료(번인텐스), 숙취해소음료(이태백의 숙취비책) 등 다양한 신제품을 출시했고, 현재는 시장점유율 확대를 위해 기존 제품의 라인 확장(맛, 용량 및 디자인)을 계획 중이다. 이를 기반으로 비탄산 시장에서의 점유율 확대, 프리미엄 음료의 출시, 또한 즉석음용 시장을 비롯한 전 채널의 커버리지를 확대로 국내 1위 업체인 롯데칠성음료와의 격차를 줄이고 있다.

성장이 어려울수록 아이디어맨에 대한 관심이 높다는 점을 인식합시다.

성장이 어려울수록 기업은 아이디어와 전략에 승부수를 걸기 마련입니다. 가격경쟁은 시장점유율을 유지하기 위한 전략이지 실익은 별로 없는 전략이므로 대기업 입장에서 본질적인 전략은 아닙니다. 대신 소비자특성과 시장환경에 대한 보다 세밀한 접근을 통해 새로운 마케팅과 영업 전략을 도출하는 노력을 하게 됩니다. 기업으로서도 신입사원 선발시 이런 아이디어맨에 대한 관심이 당연히 높을 수밖에 없습니다. 케이스를 주고 전략을 도출해보라는 면접이 바로 기업의 이런 니즈를 반영하고 있습니다. LG생활건강도 현재 만만치 않은 시장 여건에 직면해 있는 만큼 이에 대한 대비를 잘 해둬야 하겠습니다.

음료업체들 이미 낮아진 수익성 회복 노력 중

2014년 국내 음료시장은 전반적인 내수침체와 세월호 추모 분위기로 인해 나들이 시기인 4월과 5월 외부행사 및 단체행사가 대부분 취소됨에 따라 전년대비 1.3% 성장에 그쳤다. 또한 시장경쟁 심화와 더불어 대부분의 음료업체들이 기대를 많이하고 준비했던 월드컵 특수가 시차와 저조한 성적으로 사라진 것도 수익성 하락에 영향을 미쳤다. 2015년 상반기 음료시장은 메르스 영향에도 불구하고 전년도의 사건으로 인한 기저효과로 전년동기대비 2.8%(off premise(기업형유통시장): 1.4% 증가, on premise(즉석음료시장): 4.2% 증가) 성장하여 완만한 회복세를 보이고 있다. 그러나 앞으로 음용인구의 감소 및 경기 저성장 추이로 인해 국내 음료시장의 성장은 제한적일 것이라 생각된다. 다만 커피, 생수, 탄산수 등의 카테고리에서 꾸준한 성장세를 보일 전망이며, 기능성 음료의 경우 다양한 제품개발과 신규진입으로 시장이 성장할 것으로 보인다.

LG생활건강은 제품 라인 및 유통 채널 확대를 통해 지속적인 매출 성장을 달성할 예정이다. 특히 즉석음용 시장(호텔, 바, 레스토랑, PC방 등)을 비롯한 전 채널 커버리지 확대에 주력하고 있다. 현재 즉석음용 시장커버율은 약 30%이며 장기적으로 영업인력 교육과 독점공급계약 등을 통해 시장점유율을 60~70%까지 확대할 계획이다. 즉석음용 시장 판매 확대는 동사의 수익성 개선으로 이어질 것으로 판단한다. 호텔, 레스토랑 등에서 판매되는 제품의 단가가 높고 마케팅 비용이 낮기 때문이다. 또한 현재의 어려운 영업환경을 극복하기 위해 탄산 PET 고속라인 설치, 과립 라인의 인소싱, PET 프리폼, 블로잉 설비 신설 등 원가 경쟁력 개선을 통해 수익성을 회복하고자 노력하고 있다.

《식품음료신문》 2014년 12월 2일자 '미국 음료시장 트렌드' 기사를 참고해보기 바랍니다. 일인당 연간 음료 소비량, 음료별 산업 통계, 커피음료 시장 통계, 차류 통계, 에너지드링크 매출 규모, 미국 내 아시아 음료 수입 트렌드 등 음료시장의 전반적인 추이를 파악하는 데 유용합니다. 미국시장의 경우이기는 하지만 선진국에서는 음료시장이 어떤 구조로 움직이고 있는지 잘 살펴보고 국내 음료시장에 대한 시사점을 도출해보기 바랍니다.

LG 생활건강

시장:
글로벌 시장을
점령해나가다

각 부문별로 히트 상품을 많이 내고 있는 LG생활건강입니다. 생활용품부문에서 베비언스, 한·입세제, 리엔 윤고 등이, 화장품 부문에서는 고가 라인의 후, 저가 라인의 더페이스샵이 모두 히트 상품입니다. 음료 부문에서는 탄산수 씨그램의 성장을 주목할 만합니다. 이러한 히트 상품들은 온라인이나 면세점 등 새로운 유통 채널의 성장과 함께 더욱 빠르게 글로벌 시장으로 진출하고 있으니, 이 점을 주목하며 다음 장을 살펴봅시다.

01

국내외
시장 현황

가격과 감성, 두 가치가 이끄는 시장 변화

개인생활용품, 홈케어, 제지제품 등을 포함한 국내 생활용품시장은 약 4,000억 원 정도 규모다. 생활용품의 주요 카테고리는 성숙 시장으로 저성장 내지는 감소세를 보일 전망이다. 이런 와중에서 주요 상위 업체들은 소비자의 사용편리성을 개선한 제품이나 새로운 콘셉트의 선도상품들을 출시하면서 다양하게 세분된 시장을 형성하고 있다. 향후 가격에 민감한 시장과 가격보단 감성 중심의 소비가 일어나는 프리미엄 시장이 공존하면서 시장이 변화할 것이다.

LG생활건강은 다양한 카테고리에서 차별화된 제품을 출시하며 시장점유율을 증가시키고 있다. 그 예로 베비언스(액상분유), 리엔 윤고(샴푸), 샤프란 꽃담초(섬유유연제), 한·입세제(세탁세제) 등이 있다. 베비언스 같은 경우에는 국내 최초로 출시된 액상분유로서 편리성을 제공하는 제품으로 인기를 끌고 있다. 베이언스 출시 이후 베이비로션, 베이비세제 등 다른 카테고리의 제품을 출시하며 매출 규모를 키우고 있다. 이처럼 LG생활건강은 신규 브랜드 출시 및 신성장 채널인 온라인의 경쟁력 강화로 높은 성장을 보일 것이다.

국내 화장품시장 안정적인 성장세 지속

국내 화장품시장은 면세점 및 온라인 채널을 통한 견조한 매출 성장이 화장품 전체 시장의 성장을 견인하면서, 안정적인 성장세를 이어갈 것으로 전망된다. 향후 소비자 구매 패턴 변화에 대한 신속한 대응, 다양한 유통 채널의 확장 등 업체들의 시장 확대 노력으로 국내 화장품시장은 2014~2018년에 연평균 3.4% 성장을 보일 것으로 전망한다.

국내 시장에서 아모레퍼시픽과 LG생활건강 같은 국내 기업의 시장 점유율 확대가 지속될 것으로 보인다. 이는 순수한 국내 수요에 기인한다기 보다는 중국 내방객들의 수요가 크게 좌우하고 있는 상황이기 때문이다. 화장품시장에서 면세점 채널의 비중은 2014년 약 18%었으나, 향후 점차 확대될 것으로 보여 가장 중요한 판매 채널이 될 것으로 전망한다. 한편 외국계 브랜드들은 고전을 면치 못할 것으로 보여지는데 이는 백화점시장 내 경쟁 격화, 국내 소비층의 수요 부족, 중국 관광객들의 외면, 외사브랜드의 신규 채널 진출 노력 한계 등에 기인한다.

면세점 채널 확대에 따른 대응 전략을 생각해봅시다.

국내 화장품시장의 성장을 이끈 일등공신은 면세점 채널에서 비롯되었다고 해도 과언이 아닐 겁니다. 중국 관광객들의 폭발적인 구매 열풍이 없었다면 화장품 제조사가 요즘 같이 집중 조명을 받는 일은 쉽지 않았을 것입니다. LG생활건강의 사업보고서에도 '급성장 중인 면세점 채널에서 리엔 윤고 샴푸의 매출이 큰 폭으로 성장하면서 성과에 기여했습니다'라는 표현이 나올 정도입니다. 특히 2015년 7월, 3개의 새로운 면세사업자가 선정되면서 LG생활건강으로서도 매출 확대 기회를 얻은 모습입니다. 하지만 경영자 입장에서 보면 마냥 즐거워할 수만은 없을 것입니다. 예상처럼 매출 신장세가 나타나지 않을 경우 그 책임을 몽땅 뒤집어써야 할지도 모르기 때문입니다. 따라서 이런 기회일수록 보다 조심스럽고 정밀한 접근 전략이 요구된다 하겠습니다. 지원자 입장에서도 면세점 채널 확대에 따른 대응 전략에 대해 세밀하게 생각해보기 바랍니다.

관련 자료 찾아보기 ⑭
검색 키워드, '면세점 영업'

'면세점 영업'을 키워드로 면세점에 대한 이해도를 갖춰두시기 바랍니다. 면접에서 면세점 확대에 따른 대응 전략을 묻는 질문이 나왔을 때 어떻게 대답할지 미리 살펴두기 바랍니다. 배낭여행이나 가족 해외여행 기회 때 기내면세점, 공항면세점, 시내면세점 등 채널별로 어떤 특징과 차이점이 있는지, 그리고 회사 입장에서는 좀 더 보완할 부분은 없는지 등을 살펴보고 이를 노트에 정리해보는 노력도 유용할 것입니다.

꾸준히 성장하고 있는 화장품시장

2014년 기준 국내 화장품 및 개인생활용품의 시장은 약 10조 5,000억 원 규모로 추정된다. 세계 화장품시장이 약 440조 원 수준임을 감안할 때 약 2%에 해당된다. 참고로 세계 1위 화장품시장인 미국이 70조 원 규모로 약 16%, 아시아에서는 중국이 50조 원 규모로 약 11%, 일본이 35조 원 규모로 약 8%가량을 차지한다.

특히 중국의 경우 도시화가 빠르게 진행되고 동시에 가처분소득이 개선되면서 화장품시장은 빠르게 성장해왔으며, 2014년에는 전년대비 약 7%의 성장을 기록했다. 국내의 경우 경기부진에도 불구하고 전년대비 약 5%의 성장을 보였는데, 이는 다양한 유형의 상품과 차별화된 브랜드의 성장이 전체 시장을 견인하고 있기 때문이다. 반면 이미

세계 화장품 및 개인생활용품시장 약 440조 원 규모

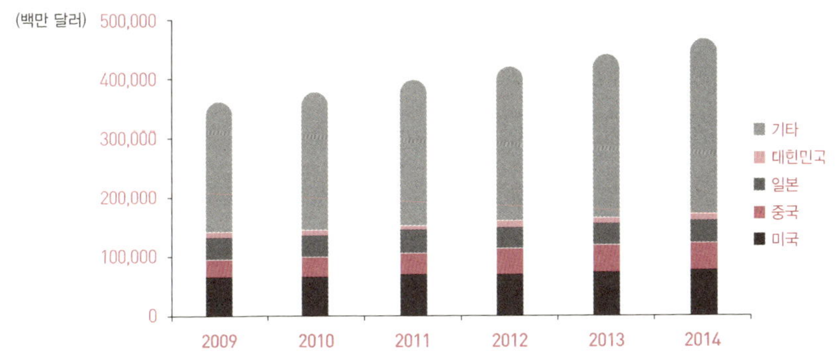

자료: 유로모니터

국내 화장품 및 개인생활용품 시장 약 10조 5,000억 원 규모

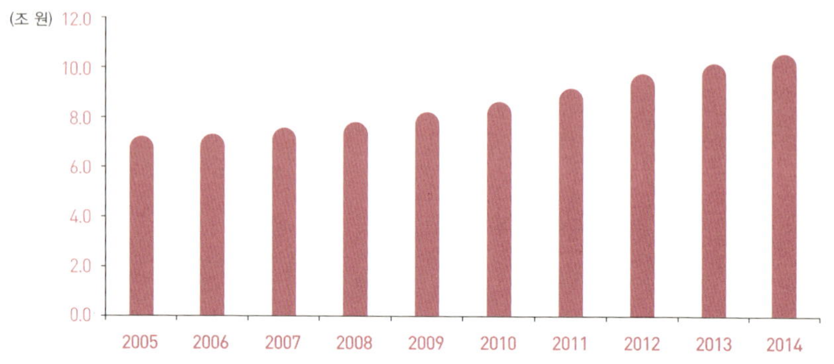

자료: 유로모니터

성숙시장에 진입한 기타 선진 시장(미국, 프랑스, 일본 등)의 화장품산업은 0~1% 수준의 저성장을 보이고 있다.

멘토의 *Tip* ⑮ 국내외 화장품 및 생활용품 시장 규모 알아보기

국내외 화장품 및 생활용품 시장 규모를 알아봅시다.

면접에서는 시장이나 산업 규모에 대한 질문이 빈번히 나옵니다. 지원자가 어느 정도 준비하고 고민했는지를 파악하기 위해서입니다. 정확한 수치까지는 아니어도 윤곽 정도는 알고 있어야 합니다. 현재 전 세계 화장품 및 개인생활용품시장 규모는 약 440조 원, 국내 시장은 약 10조 원 안팎으로 세계시장 대비 2% 내외 수준입니다. 이와 함께 글로벌 탑5 기업들의 매출 규모도 함께 파악해두기 바랍니다. LG생활건강 정도의 회

정체기를 맞이한 음료시장

국내 음료시장은 약 4조 3,000억 원으로 추정되고 있으며, 성장률은 둔화 내지는 역성장을 하는 추세다. 수요 감소 및 경기 저성장이 지속될 경우, 앞으로의 음료시장 성장률 전망 또한 그다지 밝지 않다. 반면 최근 음료 카테고리 내에서 가장 인기를 끌었던 것은 탄산수시장이다. 국내 탄산수시장은 2014년 기준 400억 원대 규모로 성장, 2013년에 비해 135% 성장했다. 현재 국내 탄산수시장을 형성하고 있는 브랜드로는 롯데칠성음료의 트레비, 일화의 초청탄산수, CUC가 공식 수입하고 있는 페리에, LG생활건강의 씨그램 등이 있다. 탄산수가 웰빙음료로 주목받고 있는 만큼 주요 음료업체들의 탄산수시장 점유율 확보 경쟁은 가팔라질 것으로 보인다.

02

히트 상품에 대한 이해

황후의 화장품 '후', 매출에 효자되다

　LG생활건강의 화장품 사업에서 주력 브랜드인 후와 숨은 브랜드 인지도 향상과 히트 상품의 확산으로 인해 높은 성장을 이어가고 있다. 이러한 고가 브랜드의 약진으로 인해 전체 프레스티지 화장품의 매출은 2014년 전년대비 67% 성장한 데 이어, 2015년 1~3분기 누적으로 전년동기대비 68% 성장하였다. 앞으로 끊임없는 기술개발로 지속적인 히트 상품 출시하며 고가 화장품 매출의 고성장이 지속될 것으로 보인다. LG생활건강 화장품의 주요 히트 상품은 다음과 같다.

　LG생활건강의 대표적인 히트 상품은 프레스티지 브랜드 후의 '비첩자생에센스'라고 할 수 있다. 이 상품은 2009년 첫 출시 이후 2014년까지 누적 판매액 2,000억 원을 돌파하며 후의 대표 제품으로 자리

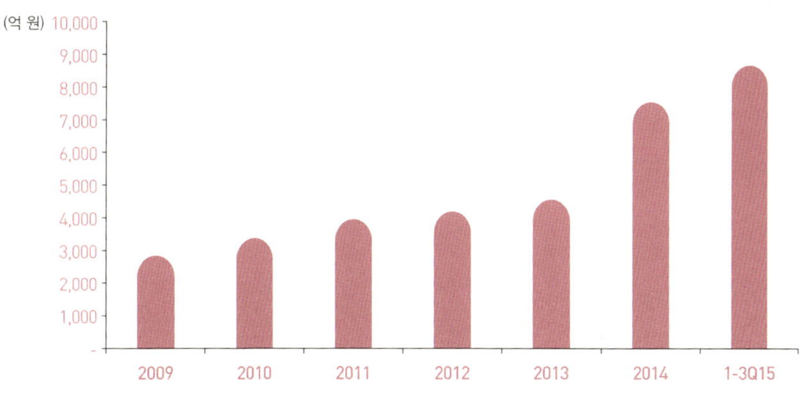

자료: 유로모니터

잡았다. 매출 1위 제품인 이 에센스는 한방 화장품 연구소의 기술력을 바탕으로 한 기능성 화장품으로 14개의 특허가 출원되어 있을 정도로 LG생활건강의 주력 제품이다. 또한 해외 매출도 큰 비중을 차지하고 있는데 중화권을 중심으로 큰 인기를 얻고 있으며, 후 브랜드 전체의 매출을 이끌고 있다. 후는 2006년 중국시장에 진출하여 특히 자생에센스는 단일 품목으로 2013년 약 50억 원의 수출액을 기록, 2014년에는 약 100억 원의 수출액을 달성하였다.

또한 숨의 '시크릿 프로그래밍 에센스'는 출시 5년 만에 매출 1,000억 원을 돌파하는 대표 주자로 떠오르고 있는 제품이다. 이 제품은 순수 자연발효 제품으로 피부개선 및 촉촉한 보습으로 피부결을 개선시키는 데 도움을 준다. 시크릿 프로그래밍 에센스는 2009년 출시 후 분당 1개꼴로 판매되어, 이미 150만 개 판매를 돌파하였으며, 중국인들이 한국 방문 시 꼭 구매해야 하는 화장품으로 선정될 만큼 중화권에서도 인기를 끌고 있다. 기존 발효화장품 시장을 휘어잡고 있던 SKII의 선두적인 포지션에도 불구하고, 숨 전체적으로도 브랜드 출시 이후 소비자들의 사랑을 받기 시작했다. 이는 천연 발효화장품이라는 확실하고 차별적인 콘셉트와 국내 소비자들의 니즈에 부합하는 마케팅으로 입지를 넓혀나갔기 때문이다.

한편, LG생활건강의 기타 히트 제품은 코카콜라 스페셜 에디션, 탄산수 씨그램, 리엔 윤고 샴푸, 액상 분유 베비언스, 한·입세제 등이다. 이 중 베비언스는 국내 최초 액상분유로 소비자의 편리성을 높인 제품으로 빠르게 성장하고 있다. 이처럼 LG생활건강은 새로운 시도와 소비자들의 니즈를 충족시키는 제품을 개발하며 지속가능한 성장을 꾀하고 있다.

Fig 15

히트 상품의 예: 자생에센스, 리엔 윤고, 베비언스, 한·입세제, 씨그램

자료: LG생활건강

 **히트 상품에 감춰진 성공 요인들을 살펴봅시다.**

LG생활건강의 히트 상품들을 화장품, 생활용품, 음료 카테고리별로 정리해봐야 합니다. 히트 상품은 해당 기업의 자부심이자 성공 전략의 결과물이므로 면접 과정에서 언제든지 질문이 나올 수 있습니다. 주로 매출액이나 제품리스트 같은 단순 질문도 나올 수 있지만 히트를 친 이유나 배경에 대한 생각을 묻는 경우가 많습니다. 경우에 따라서는 히트 상품의 타사 경쟁 상품은 무엇인지를 물어보기도 합니다. 다양한 각도에서 관련 내용들을 살펴둘 필요가 있습니다.

관련 자료 찾아보기 ⑮
LG생활건강 히트 상품명 검색

본문에 나오는 비첩자생에센스, 시크릿 프로그래밍 에센스, 코카콜라 스페셜 에디션, 탄산수 씨그램, 리엔 윤고 샴푸, 액상 분유 베비언스, 한·입세제 등에 대해서는 제품명을 키워드로 시장의 평가나 마케팅 전문가 시각 등을 정리하고, 그 내용들 속에서 LG생활건강만의 경쟁력을 탐색해보기 바랍니다

03

글로벌 무대를
넓히다

LG생활건강의 해외 사업

해외 사업은 글로벌 기업으로 자리매김하기 위한 화장품 회사의 핵심 성장동력이다. LG생활건강은 중국과 베트남에 3개의 생산법인과 중국, 미국, 대만에 각각 하나의 판매법인을 운영하여 화장품과 생활용품 사업을 전개하고 있다.

화장품 사업은 시장 성장가능성이 높고, 지리적·문화적 측면에서 내수시장 육성이 가능한 중국시장을 필두로, 인접한 홍콩, 대만, 싱가포르 등 중화권 지역에서 '후'와 '숨', '더페이스샵'을 집중적으로 공략할 계획이다. 해외 화장품 매출의 약 40% 비중을 차지하는 더페이스샵은 중국 시장에서 연평균 57%의 성장을 기록하며 빠르게 성장하고 있다. 2010년 중국 상해에 법인을 설립하여 온라인 사업을 시작했고,

2013년에는 기존 2개 총판으로 운영되던 오프라인 사업을 새로 조인트벤처(Joint Venture, JV)로 설립하면서 사업을 확대하고 있다.

생활용품 사업은 구강 및 세제 중심으로 주요 거점 지역인 일본, 러시아, 중국 지역에 집중하고 있다. 또한 중국의 45조 원 규모 유아용품시장을 적극적으로 공략하기 위해 베비언스 스킨케어 5종(바디워시, 샴푸, 오일, 아토크림, 썬크림)의 위생허가를 진행 중이며, 허가 시점까지 2조 3,000억 원 규모의 중국 유아용 스킨케어 시장의 수요에 대응하기 위해 위생허가가 필요 없는 유아용 비누를 출시했고 기존 거래선을 통하여 판매를 준비하고 있다. 장기적으로 개인생활용품 부문을 확장해나갈 계획이다.

해외시장에서의 매출 성과

(단위: 억 원)

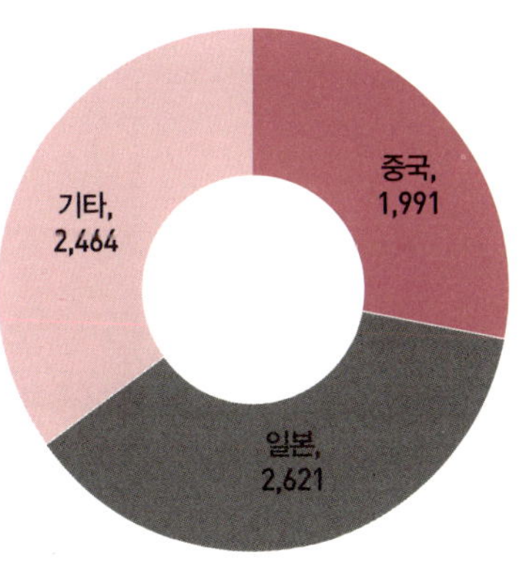

자료: 유로모니터

중국을 중심으로 아시아 시장 진출을 노리다

LG생활건강이 중국을 중심으로 한 아시아 시장 진출을 본격화하고 있기 때문에 중국시장에 대해 알 필요가 있다.

중국 화장품 및 개인 생활용품시장은 2014년 기준 약 2,900억 위안(50조 원)에 달했으며, 이는 미국에 이은 세계 2위 규모다. 이는 중국 소비자의 가처분소득 증가와 외모에 대한 관심 증대에 기인한다. 향후 이러한 기조가 견조한 화장품 수요를 이끌어 중국 화장품시장은 2018년까지 연평균 7%씩 성장하여 2018년까지 3,900억 위안(65조 원) 규모로 성장할 것으로 전망된다.

최근 중국 농촌 지역의 가파른 도시화 진행도 화장품 수요를 촉진할

2014년 중국 화장품시장 규모 약 50조 원(2,900위안)에 달해

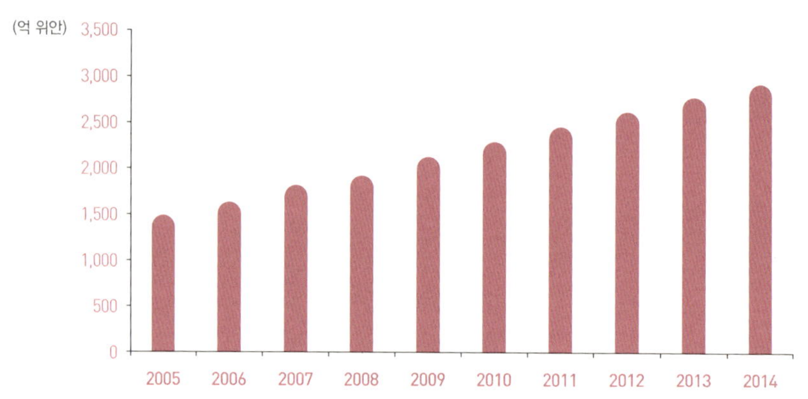

자료: 유로모니터

것으로 예상된다. 중국 국가통계국에 따르면, 중국의 도시화율은 2010 년 49.7%에서 2015년 54%로 상승할 전망이며, 2035년에는 70%에 이를 전망이다. LG경제연구원에 따르면 현재 중국 인구의 약 10%인 1억 명 정도만이 화장품 사용인구로 추정되고 있는데, 도시화를 통해서 구매 고객층이 확산되고 소득수준 증가로 고가 화장품의 수요 역시 증가할 것으로 예상된다.

개인별 화장품 소비 관점에서 본다면 중국 화장품시장 성장성의 긍정적인 전망은 충분히 정당화된다. 중국의 일인당 화장품 및 개인생활용품 소비는 현재 35달러로 한국의 220달러, 일본의 292달러, 미국의 239달러와 비교할 때 현저히 낮은 수준이다. 소득 증가에 따른 인당 소비 증가와 소비자 취향의 고급화가 진행될 것임을 고려한다면

인당 평균 화장품 및 개인생활용품 소비금액 비교 – 중국 여전히 높은 성장 여력을 지님

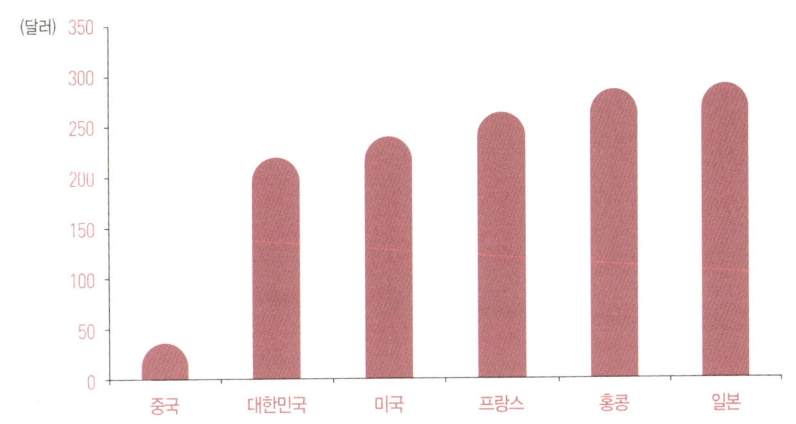

자료: 유로모니터

중국의 향후 소비 상승 여력은 상당히 높다고 판단된다. 중국의 화장품 수요가 한국 대비 약 20년가량 후행한다고 가정할 경우, 중국 화장품시장이 현 한국시장 정도의 규모에 도달하려면 향후 20년간 연평균 약 9.6% 성장해야 한다고 결론지을 수 있다. 이와 같이 중국 화장품 및 개인생활용품 시장의 성장 가능성은 매우 높다.

LG생활건강의 아시아 시장 진출 전략을 탐색해봅시다.
LG생활건강은 해외 시장 진출에 매우 적극적이고 동시에 성공적인 마케팅 전략을 구사해온 기업이라는 것이 전문가들의 평가입니다. 해외 현지의 특성과 소비자 니즈를 세심하게 분석하고 이를 마케팅에 접목시켜 히트한 상품들이 많습니다. 국내 화장품과 생활용품시장의 성장세가 한풀 꺾이게 되었을 때 미래 성장 동력은 아시아 시장에서 찾을 수밖에 없습니다. 따라서 아시아 시장 진출과 관련하여 해당 시장의 특성이나 진출 전략에 대해 미리 탐색해보기 바랍니다.

글로벌 컨설팅사 'Ernst&Young'이 2013년 발간한 〈아시아 소비재 및 유통산업의 패러독스〉라는 PPT자료를 참고해보기 바랍니다. 글로벌 소비재 및 유통산업 고위 임원들을 대상으로 인터뷰한 내용을 정리한 것인데 몇 가지 시사점을 줍니다. 강조 부분만 간추려보면 ▲선별적으로 현지화 전략을 짜라 ▲글로벌 소비재시장의 중심은 앞으로 아시아지역이다 ▲시장과 고객의 요구에 맞게 현지 접근 전략을 수립하라 ▲전통적인 규모 확대 방식을 폐기하라 ▲가격별, 채널별 세부시장 공략 포트폴리오를 구성하라 등의 메시지입니다. PPT자료여서 자세한 내용을 담고 있지는 않지만 해당 주제어를 중심으로 탐색하다 보면 LG생활건강의 해외 진출 전략에 대한 유용한 시각을 얻을 수 있을 것입니다.

04

유통 채널별 판매 전략

저렴한 가격이 중요한 온라인 판매 전략

국내 생활용품 채널 시프트 역시 화장품과 비슷하게 오프라인 채널에서 온라인으로 이루어지고 있다. 특히 생활용품시장에서 가격경쟁이 일어나고 있기 때문에 같은 물건이라도 가격 비교를 통해서 다른 유통 채널보다 저렴한 가격의 물건을 제공하는 온라인이 빠르게 성장하고 있다. G마켓과 옥션, 11번가 등 오픈마켓이 온라인 생활용품시장을 주도하고 있고, 소비자들에게는 아직도 '온라인=가격이 싸야만 한다'는 인식이 팽배하기 때문에 온라인 채널 안에서 가격 중심의 기조가 지속되고 있는 것이다. LG생활건강의 2014년 생활용품 사업에서도 기존의 다른 채널에서는 전년대비 -1~1%의 성장을 보인 반면 온라인 채널은 전년대비 22% 성장하였다.

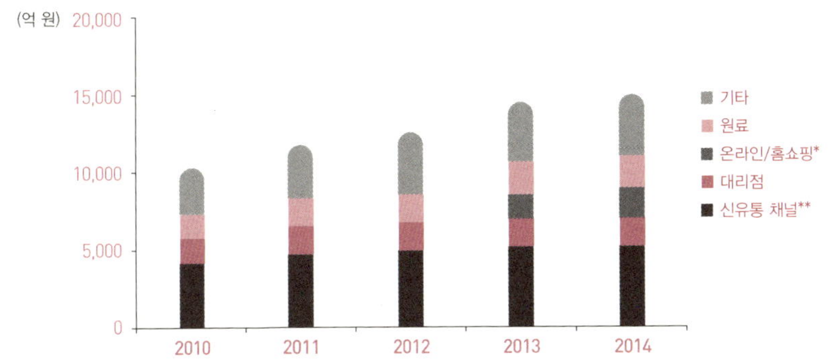

* 온라인/홈쇼핑은 2012년까지 기타에 포함
** 신유통 채널은 할인점, CVS, 슈퍼마켓, 백화점, H&B스토어를 포함
자료: LG생활건강

면세 채널의 가파른 성장

국내 화장품시장은 유통환경의 변화와 합리적인 소비트렌드의 확산으로 백화점 및 방문판매와 같은 전통적인 채널의 비중이 감소하는 대신 신유통의 판매가 확대되었다. 디지털화에 따른 유통 환경의 변화와 스마트폰의 보급 확산으로 접근 용이성이 높아진 모바일과 온라인 경로로 고객 유입이 확대되면서 디지털 채널이 빠르게 성장하고 있는 것이 주 요인이다. 또한 중국인 관광객이 크게 증가하면서 면세 채널 역시 고성장하며 국내 화장품시장의 성장을 이끌어가고 있다.

국내 화장품 유통 채널별 매출 비중 추이 – 온라인 채널 확대 두드러져

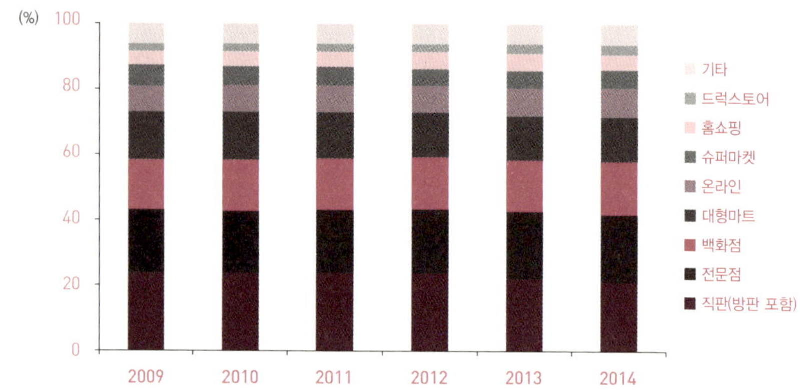

자료: 유로모니터

더 알아보기

판매 통로의 대세, 온라인 채널과 면세점 채널

온라인 채널은 화장품 제조업체에 중요한 판로가 되어가고 있다. 2014년 기준 화장품 온라인 쇼핑 거래액은 2조 6,600억 원으로 전년대비 22% 증가하였다. 온라인을 통한 화장품 소비의 고성장이 지속될 것으로 전망하는데, 이는 소매업체 간 가격경쟁 심화로 소비자들에게 저렴한 가격으로 제품을 제공하고 있고, 결제수단 개선에 따라 접근성이 향상되고 있으며, 모바일커머스 시장이 급부상하고 있기 때문이다. 이에 따라 국내 주요 화장품업체는 프리미엄 브랜드 판매와 소셜커머스를 통한 제품 홍보를 위해 자체 인터넷 판매 채널을 구축하고 있으며 소비자들의 접근성을 높이고 있다. 면세점 채널은 2014년에 이어 앞으로도 높은 성장률이 기대되는 채널이

다. LG생활건강의 2014년 면세점 매출은 방한 중국인 관광객 급증과 관광객의 평균지출금액 상승에 힘입어 전년대비 200% 성장하여 프레스티지 화장품 성장을 이끌었다. 이와 같은 면세점 채널 성장의 가장 큰 요인은 방한 중국 관광객들의 증가다. 한국관광공사에 따르면, 2014년 중국인 관광객 수는 전년대비 44% 급증하였다. 이들이 국내에서 화장품을 구매한 금액은 1조 8,450억 원으로 한국 화장품시장의 18% 내외를 차지할 정도로 큰 비중을 차지한다.

향후 방한 중국인 관광객 수의 성장 여지도 충분할 것으로 보이는데, 이는 중국의 해외 여행객 수(홍콩 및 마카오 포함)는 2014년 현재 전체 인구의 8.4%에 불과하고, 방한 관광객 수는 전체 인구의 0.4%에 불과하기 때문이다. 또한 한국의 비자요건 완화, 지리적 인접성, 중국 내 한류의 인기 등이 방한 중국인 관광객 수 확대에 기여할 것으로 보인다. 따라서 중국 인바운드수요 확대에 따른 면세 채널의 급성장은 국내 화장품의 채널 시프트를 가속화시킬 것으로 예상한다.

한편 이러한 시장의 변화 속에서 전통 채널인 방문판매와 백화점, 할인점

Fig 21

LG생활건강 프레스티지 화장품 부문 채널별 매출 – 면세점 통한 매출 높은 성장 보여

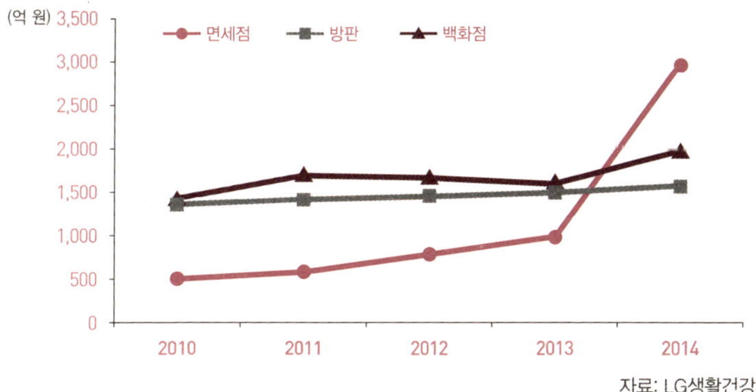

자료: LG생활건강

은 저성장 국면에 접어들었다. 특히 방문판매는 2012~2013년 2년간 경기부진에 따른 소비자 구매력 감소, 다채널·다브랜드를 사용하는 소비자 구매패턴 변화 등으로 인해 시장 규모가 감소하였다. 따라서 국내 주요 화장품 업체들은 대규모 재고 조정과 영업효율성 개선(방문판매사원 일인당 매출 확대 등), 방판 전용 신제품 출시 등 방판 유통 채널의 구조조정에 노력을 기울여왔다. 그 결과 방문판매의 매출은 2014년 하반기부터 점진적으로 개선되기 시작하였다.

멘토의 Tip ⑱   온라인 채널 이해하기

온라인 채널에 대한 이해도를 가져봅시다.

전자신문 2014년 12월 21일자에 실린 '온라인 모바일 화장품시장 전망' 기사를 간략히 살펴보겠습니다. 2000년대 초반부터 최근까지 화장품시장은 '합리적 소비→ 저가 구매 확산 → 저가 브랜드숍 고성장'을 거쳐 이제는 '가성비 높은 프리미엄 제품'으로 트렌드가 이동하였다고 진단합니다. 유통 채널도 전문점, 브랜드숍을 거쳐 온라인과 모바일로 턴어라운드하고 있다는 지적입니다. 온라인에서는 이미 초고가 제품까지 판매되고 있습니다. 당연히 화장품 기업을 준비하는 데 있어 온라인 몰에 대한 이해가 필요합니다. 자신의 경험이나 활동 중 온라인 몰을 운영해본 경험이 있다면 전략적으로 활용해도 좋을 것입니다. 아니면 인터넷 비즈니스에 대한 자신만의 시각을 잘 보여주는 것도 자소서나 면접에서 좋은 전략이 될 것입니다.

LG생활건강의 온라인 뷰티플랫폼 '뷰티앤써(www.beautynser.com)' 홈페이지를 방문해서 콘텐츠와 인터페이스를 탐색해보기 바랍니다. 커뮤니티 기반의 온라인 쇼핑몰이라는 점에서 소셜뷰티 플랫폼을 표방하고 있습니다. 언론에 소개된 내용을 정리해보면 아직 도입한지 오래되지 않았고 프리미엄 라인 론칭에 대한 일부 방문판매 대리점주들의 반감 등으로 약간은 과도기적인 모습이라는 지적도 있습니다. 하지만 이런 요소를 전략적으로 인식할 필요가 있습니다. 면접에서 뷰티앤써를 보다 활성화하는 방법을 도출해보라는 질문을 받았다는 전제로 미리 사이트를 탐색하면서 해법을 고민해보면 좋겠습니다. 뷰티 커뮤니티와 소셜커머스의 결합이라는 관점에서 각각의 장점을 어떻게 결합하면 좋을지 생각해보기 바랍니다.

편의점을 통한 판매가 확대 중인 음료

국내 음료시장은 신유통 채널의 성장이 전통 채널 대비 돋보이고 있다. 신유통 채널 중 특히 편의점이 높은 성장을 보이고 있는데, 이는 편의점 채널이 1인 가구의 증가 같은 인구학적인 변화와 더불어 접근성과 구매의 편리성을 제공하기 때문이다. 한편 대형마트의 경우 2012년 4월부터 시작된 강제휴무로 인해 음료 매출이 줄어들었으나, 그 영향이 감소하고 있어 향후 매출은 소폭 늘어날 것으로 보인다.

LG생활건강 음료 부문 채널별 매출 비중 – 편의점 비중 증가 추세

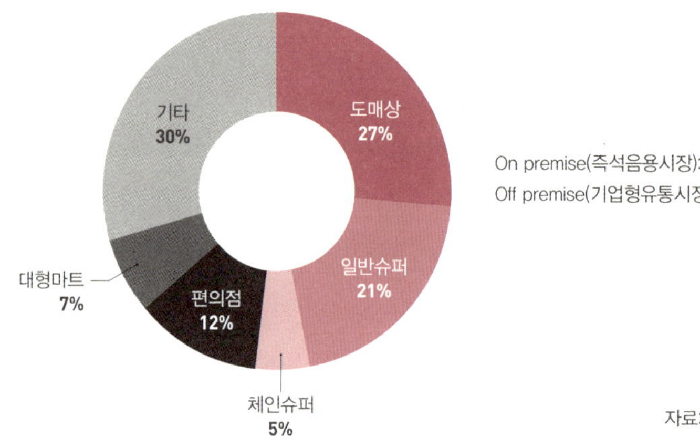

자료: LG생활건강

멘토의 *Tip* ⑲　　생활용품 온라인몰 성장 전략 생각하기

생활용품 온라인몰을 화장품 경우처럼 활성화하려면 어떤 전략이 필요할지 생각해봅시다.

생활용품 역시 화장품처럼 온라인 구매가 점점 일반화하는 모습입니다. 다만 화장품과 달리 생활용품은 기존 오픈마켓에서 주로 취급해오던 영역이어서인지는 몰라도 LG생활건강의 생활용품 온라인판매몰은 아직 형식만 갖추고 있는 상황인 것 같습니다. 하지만 생활용품의 온라인 구매가 보편화되면 LG생활건강도 보다 체계적인 온라인몰을 구축하려는 니즈가 커질 것입니다. 면접에서 생활용품 온라인몰을 화장품 경우처럼 활성화하려면 어떤 전략이 필요한지에 대한 질문이 나올 수 있으니 미리 가정 하에 한번 생각해보면 좋겠습니다.

IBM 기업가치연구소에서 발간한 〈거래에서 관계로, 진화하는 소비자와의 눈맞춤〉 자료를 살펴보기 바랍니다. 많은 분량은 아니지만 온라인이라는 새로운 채널의 성장에 대해 기업이 무엇을 준비해야 하고 어떤 영역에서 기존 오프라인과 차별화를 추구해야 하는지에 대한 시각을 참고할 수 있습니다. 특히 옴니 채널 환경을 성공적으로 정착시키고 각 채널별로 고객 로열티를 유지하기 위해서는 고객의 활동 정보와 쇼핑 패턴에 대한 이해가 전제되어야 한다는 점은 시사점이 크다 하겠습니다. 만일 자신이 고객정보 분석과 관련한 이해도가 약간이라도 있다면 온라인몰 추진 전략의 이런 방향과 자연스럽게 결합해서 설명해보면 어떨까요.

05

매체의 발달에 따른
시장의 진화

정보 공유의 습성에서 만들어지는 소비

디지털과 온라인화가 국내 화장품시장에 미치는 영향은 정보의 공유로부터 시작되는 소비 습성이다. 최근 구매 경험을 중요시 여기는 소비자들은 블로그, 페이스북, 트위터 등의 매체를 통해 상품에 대한 후기를 올리고 또 다른 이들의 구매 후기를 통해 구매를 간접 경험한다. 특히 20~30대의 젊은층의 소비자들은 물건 하나를 구매하더라도 인터넷을 통해 정보를 알아보고 리뷰를 꼼꼼하게 읽어보는 등 상세한 조사를 통해 제품을 구매한다. 이처럼 한 소비자의 체험 리뷰가 다른 소비자의 구매 결정에 영향력을 행사하게 되는 것이다. 특히 화장품 구매에서 온라인 구매가 늘어나고 있기 때문에 이미 제품을 이용해본 사람들의 평가를 참고하게 되는 경우가 많다. 또한 소비자들의 구매

패턴이 까다로워지고 합리적인 소비트렌드와 맞물려 제품 리뷰의 중요성이 부각되고 있다.

케이블 채널에서 방송되는 메이크업 전문 예능 프로그램인 '겟잇뷰티'는 정보 공유를 통한 소비습성의 예다. 실제 이 프로그램에서 소개되는 제품은 완판 행진을 기록하고 있으며 제품에 대한 홍보 효과도 있다. 또한 이곳에서 실행하는 품목별 블라인드테스트 결과에 따라 브랜드별 주력 제품이 바뀌기도 하는 상황이다. 실제 2015년 초 본방송의 메인MC인 이하늬가 겨울 피부관리 제품인 마유크림을 방송을 통해 소개해 이는 2015년 상반기 국내에서 가장 핫한 아이템 중의 하나가 되었다. 또한 마유크림이 해외 언론을 통해서 대한민국이 개발한 독특한 화장품의 하나로 평가되면서 중국인 내방객들 사이에서도 큰 인기를 끌고 있다.

이에 따라 국내 주요 화장품업체들은 이와 같은 현상을 적극적으로 신제품 마케팅에 활용하고 있는 추세다. 남들보다 신제품을 먼저 사용하고 싶어하는 얼리어답터 소비자들을 대상으로 체험단을 운영하거나 제품 사용 인증샷이나 후기를 올리는 소비자들에게 서비스를 주는 것이 그 예다. 이처럼 화장품업체들은 온라인 내 경쟁력을 확보하기 위해서 까다로워지는 소비자 니즈에 대해 빠르게 대응하고 있다.

쇼핑몰과 커뮤니티가 결합한 '뷰티앤써'

　LG생활건강은 온라인 소셜뷰티 플랫폼, 뷰티앤써(BEAUTY N'SER)를 런칭하는 등 온라인 수요확대를 위해 노력하고 있다. 뷰티앤써는 다양한 고가 브랜드를 비교해 구입할 수 있는 토털 뷰티 온라인 종합몰로 백화점에 판매하는 LG생활건강의 프리미엄 화장품 브랜드을 비롯해 해외 백화점 브랜드, 향수, 헤어케어 제품도 함께 판매하고 있다. 뷰티앤써는 단순한 쇼핑몰이 아니라 커뮤니티가 결합되어 있어서 다양한 서비스를 통해 뷰티 제품 정보와 고객들의 구매경험을 공유할 수 있도록 구성했다. 또한 캐시백 지급 등을 통해 소비자들의 적극적인 참여를 유도하고 있다.

Fig 23

LG생활건강 뷰티앤써 홈페이지(www.beautynser.com)

자료: LG생활건강

 **쇼루밍과 옴니채널 전략에 대해 살펴봅시다.**

온라인과 모바일 채널의 비중이 커진다는 것은 고객의 구매 프로세스가 그만큼 비정형적인 성격을 띠게 된다는 것을 의미합니다. 광고나 홍보를 통해 제품을 인지하고 온라인 웹사이트나 오프라인 매장에서 단순히 구매하는 시대는 이미 지나갔다고 봐야합니다. 디지털화로 소비자는 점점 스마트해지고 있으며, 이런 소비자의 구매 심리를 기업들이 어떻게 터치할 것인가의 문제가 당면 과제인 것입니다. 구매 후 리뷰나 고객 경험과 같은 커뮤니티 전략이 이런 맥락에서 이해될 것입니다. 온라인에서 소비재를 판매하는 기업이라면 쇼루밍(Showrooming)과 옴니채널(Omni-Channel) 전략을 매우 중요하게 다룰 수밖에 없으므로 이런 부분을 잘 이해하고 있어야 합니다.

관련 자료 찾아보기 ⑲
검색 키워드, '옴니채널 전략'과 '쇼루밍'

'옴니채널 전략'과 '쇼루밍'을 키워드로 해서 관련 자료들을 탐색해보기 바랍니다. 핵심은 고객과의 소통, 구매 경험, 바이럴(입소문) 마케팅, 채널간 잠식 문제 해결, 채널에 관계없이 일관된 메시지 전달 등과 관련된 주세들입니다. LG생활건강의 뷰티앤써BEAUTY N'SER에 대해서는 어떤 메시지를 도출할 수 있는지 각자 고민해보기 바랍니다. 한국정보보호진흥원에서 2014년 발간한 '옴니채널 확산과 고객서비스 진화 방향' 자료를 참고하기 바랍니다. ICT기술 발달이 유통 채널과 고객 서비스 전략을 어떻게 진화시켜 나가고 있는지 잘 정리하고 있습니다.

06

시장과 매출을 좌우하는 거시적 경제 요소

원부자재 가격 변수로 인한 매출 변동

화장품산업의 밸류체인은 브랜드업체부터 원료업체까지 이어져 있다. 일반적으로 브랜드업체의 화장품 가격이 100이라고 할 때, 원가율이 약 25% 정도로 그 안에는 ODM·OEM 생산가격과 원료 등의 비용이 포함되어 있다. 따라서 원자재 가격 동향에 따라 화장품업체의 매출과 이익이 변동될 수 있다.

LG생활건강의 경우 원재료 및 부자재 비용이 전체 매출의 약 37% 정도 차지하고 있다. 동사의 약 42% 매출을 차지하고 있는 화장품 사업의 경우 원부자재 비용이 매출 대비 약 28%로, 그중 상품판매 비중이 높고, 부재료 비중이 그 다음을 차지하고 있다. 또한 생활용품의 경우 원부자재 비용이 매출 대비 약 35%를 차지하고 있으며, 음료는 원부자재 비용이 약 55%를 차지해 비용에서 원료가 차지하는 비중이 가장 높다. LG생활건강의 음료 사업은 2008년 코카콜라 보틀링 사업을 인수하면서 시작되었다. 음료 사업의 매출 총이익률이 글로벌 보틀링 업체 및 국내 롯데칠성음료와 유사한 40%대로 유지하고 있다. 한편 화장품 및 생활용품 사업의 매출 총이익률은 최근 3년간 상향 트렌드에 있는데 원가 절감 노력 및 국내 자체개발 원료 비중의 증가, 또한 고가 제품 매출 비중 증가에 기인한다.

Fig 24

LG생활건강 원재료 등의 현황

매입 유형	품목	구체적용도	매입액 (억 원)	비고
화장품				
원재료	스쿠알란, 알부틴 등	각종 화장품 원료	804	화천, 토리싱 등
부재료	용기, 캡, 단상자 등	보조재	1,425	신신, 연우
상품	스킨, 로션, 투웨이케익 등	상품 판매	3,232	Roland, 산쇼, 아피 등
소계			5,460	
생활용품				
원재료	소다회, AOS, 우지	샴푸, 비누, 치약 등의 원료	2,618	이수화학, 동남화성 등
부재료	용기, 캡, 단상자 등	보조재	1,260	일양화학, 다인 등
상품	칫솔 등	상품 판매	1,452	Roland, 三生의약 등
소계			5,330	
음료				
원재료	원액, 과당, 전지분유	음료(탄산, 비탄산 음료)원료	3,233	코카콜라유한회사, 인그리디언코리아 등
부재료	용기, 캡, 단상자 등	부조재	2,320	테크팩솔루션, 한일제관 등
상품			1,184	노케이에프, ㈜이셉시스글로벌 등
소계			6,737	

자료: LG생활건강

환율 변동에 따른 매출 변동

한편 장기 저성장 기조를 보이는 있는 국내 경기 환경에서, 주요 화장품업체들은 해외 시장으로 진출하고 있다. LG생활건강의 경우 해외에서 발생하는 매출이 전체 매출에서 차지하는 비중이 2010년 9%에서 2014년 16%까지 크게 늘어났다. 해외 매출이 증가할수록, 해외 국가들의 경기와 환율이 LG생활건강의 매출과 이익에 영향을 줄 수 있다. 또한 LG생활건강의 경우 외화 통화로 된 자산 및 부채를 보유하고 있어 환율의 변동에 노출되어 있다. 아래 표를 참조하면 LG생활건강이 노출되어 있는 통화는 달러화, 유로화, 엔화 등이 있고, 일본 엔화의 경우 환율 10% 상승시 LG생활건강의 연간 당기순이익 1.5%가 감소하게 된다.

Fig 25

환율관련 민감도 테스트

	자산	부채	10% 상승 시 당기순이익에 주는 영향	10% 하락 시 당기순이익에 주는 영향
	(천 달러)		(천 달러)	
USD	24,351	18,800	555	-555
EUR	35	83	-5	5
JPY	5,369	44,595	-3,923	3,923
SGD	-	7	-1	1

자료: LG생활건강

기타 변수에 따른 매출 영향

또한 금리 변동과 같은 거시 변수들의 움직임에 따라 LG생활건강의 이익이 영향을 받을 수 있다. 2014년 말 기준으로 변동이자율이 적용되는 금융부채는 1,225억 원이다. 동사는 고정이자부 차입금과 변동이자부 차입금을 혼용하여 이자율 위험을 관리하는 정책을 수립하고 있다.

경쟁 정도에 따라 기업의 영업 문화도 달라진다는 점을 이해합시다. LG생활건강의 원재료 및 부자재 비용은 전체 매출의 약 37% 정도를 차지합니다. 이 수치는 경쟁사인 아모레퍼시픽의 25%에 비해 상당히 높습니다. 이유가 무엇일까요? 바로 생활용품과 음료 부문의 비용구조가 높기 때문입니다. 화장품 부문만 놓고 보면 약 28%로 아모레퍼시픽보다 약간 높은 수준입니다. 여러분께서는 이것이 무엇을 의미하는지 생각해봐야 합니다. 간단히 설명하자면 화장품의 부가가치가 그만큼 높다는 것입니다. 상대적으로 음료는 낮다는 것이고요. 그럼 부가가치가 낮다는 것은 또 무슨 의미일까요? 이는 해당 산업이 그만큼 완전경쟁 상태에 있다는 것이며, 영업 현장 인력이 해당 기업의 매출 경쟁력에 매우 중요한 역할을 한다는 의미이기도 합니다. 화장품도 현재는 양강구도에 있지만 중저가 시장으로 가면 완전경쟁에 가까울 정도로 경쟁이 치열하다는 점을 앞에서 살펴봤습니다. LG생활건강의 신입사원이 되면 영업직무부터 시작하는 이유도 바로 이런 맥락에서 이해될 수 있을 겁니다.

LG 생활건강

경영 이슈:
건강, 미美, 환경 그리고 지속가능성을 추구하다

화장품의 경우 해외 역직구가 증가하며 해외소비자들을 사로잡고 온라인 매출도 늘고 있습니다. 글로벌 시장으로 진출하기 위해 화장품뿐만 아니라 생활용품, 음료산업 모두 글로벌 기준에 맞추기 위한 노력이 필요한 때입니다. LG생활건강은 외모의 아름다움을 넘어 건강과 환경, 그리고 그것들을 지속가능하게 경영하는 것을 목표로 하고 있습니다.

01

뉴노멀 환경의
시장 변화

세계 경기는 미국 금융위기와 유럽 재정위기 이후 저성장, 저소비, 저금리라는 뉴노멀(New Normal) 경제 환경이 형성되었고, 국내도 예외가 아니다. 국내 경기는 3년 연속 성장률 3%에 못 미치는 저성장이 이어지고 있으며 이는 장기화 될 전망이다. 그리고 빠른 고령화사회 전개와 출산율 저하에 따라 생산인구가 급격히 줄고 있는 상황이다. 글로벌 시장 경쟁이 치열해지면서 국내 수출기업들은 가격경쟁을 하고 있어 채산성 악화를 겪고 있으며 내수 기업들은 규제강화, 내수부진, 해외직구 확대 등으로 인해 실적 악화에 시달리고 있는 상황이다.

반면 인터넷 및 모바일 쇼핑 보편화와 직구 및 역직구의 증가는 화장품업체에는 긍정적으로 작용하고 있다.

역직구 증가가 가져온 긍정적 효과

화장품 브랜드업체의 온라인 채널 매출은 두 자릿수 이상 성장했다. 또한 면세점에서 시작된 한국 화장품에 대한 외국인 수요는 점차 역직구 등의 형태로 다양화되고 있다. 특히 중국인 해외직구 확대의 최대 수혜자는 브랜드 인지도가 높은 화장품 제조업체다.

한국온라인쇼핑협회에 따르면 2014년 역직구시장은 약 5,280억 원으로 집계되었다. 역직구에서 가장 주목되는 대상은 역시 중국인들이다. 국내 역직구를 이용하는 해외 소비자의 절반가량이 중국인들로 파악되고 있으며, 1인 평균객단가 또한 타 해외 소비자에 비해 약 3배가량을 소비하기 때문이다. 특히 역직구 쇼핑몰에서 가장 인기 있는 품목이 화장품이라는 것도 주목할 필요가 있다.

이런 트렌드에 맞춰 오픈마켓의 경우 G마켓, 인터파크, 11번가 등이, 대형 유통업체의 경우 롯데닷컴, Hmall, GS샵 등이 역직구 사이트를 운영하고 있다. 한편 LG생활건강이나 잇츠스킨처럼 따로 역직구몰을 운영하지 않고 해외 사이트와 협업을 하는 경우도 있다. 아모레퍼시픽 또한 이니스프리, 에뛰드 등의 브랜드를 글로벌 온라인 쇼핑몰에 오픈하면서 즉각적인 소비자 반응 모니터링을 통해 오프라인 전략을 보다 효율적으로 세울 수 있었다. 역직구 몰의 증가는 화장품 브랜드업체에 채널 확대효과를 주며 추가적인 실적개선을 도모할 수 있다. 또 보다 빠르게 신제품 판매를 할 수 있고, 고정비 부담이 없어 수익성 개선에 도움이 된다.

티몰글로벌 LG생활건강 페이지

자료: 티몰웹사이트

멘토의 *Tip* ㉒   해외 역직구 흡수 전략 생각하기

LG생활건강의 해외 역직구 흡수 전략에 대해 살펴봅시다.

해외 역직구를 제대로 흡수하는 전략이야말로 LG생활건강에 큰 과제가 되고 있습니다. LG생활건강이 제휴하고 있는 티몰글로벌은 중국 알리바바 산하의 B2C 오픈마켓입니다. 해외 기업들이 중국 내 영업 라이선스 없이도 중국 소비자들을 대상으로 영업할 수 있게 만든 것인데, 아직은 티몰글로벌의 위상에 대한 시장의 평가는 호불호가 엇갈리는 상황입니다. 만일 예상보다 성장이 더디다면 LG생활건강 입장에서는 직접 역직구 사이트를 개설하는 것이 장기적으로 바람직한 지에 대한 고민이 생길 수밖에 없을 것입니다. 따라서 제휴와 직접 운영의 각 측면들을 따져보고, 장기적으로 어떤 전략을 수립해야 할지 가볍게라도 살펴보기 바랍니다. 경영자처럼 부담을 갖고 생각할 필요는 없습니다. 각각의 선택에 따른 이해득실 같은 사실관계 중심으로 접근해보면 좋겠습니다.

관련 자료 찾아보기 ⑳
검색 키워드, '티몰글로벌'

'티몰글로벌'을 키워드로 해당 사이트에 대한 이해도를 높여보기 바랍니다. LG생활건강뿐만 아니라 국내 여러 기업들이 중국의 해외직구 수요를 흡수하기 위해 입점해 있는 상황입니다. 또한 '한·중 전자상거래'를 키워드로 양국간 온라인 상거래 규모의 현황과 전망에 대해서도 정리해보기 바랍니다. 알리바바가 핵심적인 위치에 있는 만큼 알리바바의 성장과정에 대해서도 살펴보면 좋겠습니다.

관련 자료 찾아보기 ㉑
KB경영연구소, 〈해외 역직구시장의 성장과 결제시장의 변화〉

KB경영연구소에서 2015년 발간한 〈해외 역직구시장의 성장과 결제시장의 변화〉 자료를 탐색해보기 바랍니다. 많은 분량은 아니지만 해외 역직구시장 동향, 국내 결제시장 영향과 변화 등에 대한 최신 트렌드를 잘 정리해두고 있습니다.

02

소비자들의
기대와 불만

생활용품: 안전성에 대한 이슈

국내 생활용품시장에서 지난 몇 년간 크게 이슈된 문제는 안전성이다. 2011년 촉발되었던 가습기 살균제 논란에서 볼 수 있듯이 안전한 성분에 대한 신뢰는 매우 중요하다. LG생활건강은 제품의 안전성 확보 및 친환경성 증대를 위해 생산되는 모든 제품 및 원재료에 대해서 인체 유해성을 점검하고 있다. 생활용품 개발 및 생산시 유해물에 대한 실시간 모니터링을 통해서 안전과 환경적 이슈에 대해서 사전에 예방하는 방식으로 소비자 안전을 확보하고 있다. 제품 안전성은 인체 유해물질의 검출 여부를 정밀 기기 분석을 통해 점검하고 있다. 2012년 출시된 한·입세제의 경우 식물계 계면활성제를 사용하여 안전성을 높이고 피부 자극을 최소화한다.

화장품: 과대 포장 이슈

한편 국내 화장품을 사용한 후 소비자 단체에 최근 제기된 불만 사례 중 하나는 화장품의 과대 포장이다. 사실 한방 라인이나 고가 라인의 경우 소비자는 제품의 용기가 고급스럽기를 원하고, 합리적 이성이 아닌 주관적 감성으로 구매하는 경우가 많다. 그러다 보니 용기가 중요해지면서 과대포장 현상이 나타나기도 한다. LG생활건강은 포장재 최소화, 플라스틱 사용 절감, 재활용성 향상 등의 노력으로 포장재

LG생활건강 포장재 절감 사례

샤프란
연간 68톤의 플라스틱 소재 사용을 감소시켰으며, 1.6억 원의 원가 절감 효과

페리오
개입상자의 플라스틱 필름 제거, 고광택 코팅 포장재 사용을 통해 재활용성이 증가하여 1.5억 원 원가 경쟁력 확보

수려한
화장품 세트 포장 재질 변경을 통해 연간 종이사용량 533톤 절감 및 4.5억 원의 원가 절감 효과

오휘 셀라이트닝 프리즘 크림(50ml)
간편하게 교체할 수 있는 내부 리필용 용기 설계를 통해 소비자가 내용물 사용 완료 후 다시 내용기만 교체하여 재사용이 가능하도록 함

자료: LG생활건강

를 개발하고 있다. 자원 절약형 포장구조 개발, 포장타입의 변경, 복합재질 사용 자제, 플라스틱 감량화 등으로 자원을 절약하고 폐기물 발생을 절감하고 있다. 이와 같이 LG생활건강은 소비자 불만에 적극적인 해결 방법을 제시하면서 기업 이미지를 향상시키고 있다.

멘토의 Tip ㉓ 프로슈머 관점에서 안정성, 과대포장 문제 활용하기

면접시 안전성과 과대포장 문제를 프로슈머의 관점에서 활용해 봅시다.

안전성과 과대포장 문제는 LG생활건강이 표방하고 있는 개방적 플랫폼 전략에 매우 중요한 이슈일 것입니다. 안전성과 과대포장 문제는 '프로슈머prosumer' 개념에서 살펴볼 필요가 있습니다. 소비자가 생산과정에 직·간접적으로 참여한다는 의미를 지닌 프로슈머는 단순히 소비자로서뿐만 아니라 사회적 역할까지도 그 의미를 포함하고 있습니다. 보다 고상하게 표현하자면 '철학적 소비자'라고 해야 할까요. 프로슈머의 눈높이를 맞춘다는 것은 그만큼 시장을 리드하겠다는 의지의 표현이기도 합니다. 만일 면접에서 고객 창출과 관련된 문제가 출제된다면 안전성과 과대포장 문제를 프로슈머의 관점과 결합하여 전략을 도출해봐도 좋을 것입니다. 예컨대, 고객 창출을 위해 우선 소비자의 개념을 프로슈머로 재정의하고 그런 부분에 전략적 접근이 가능한 영역을 안전성과 과대포장 문제로 접근하는 식입니다. 결국 논리 싸움인데, 세부 내용은 각자 생각해보기 바랍니다.

국내외
규제 환경

생활용품과 음료산업: 유통 채널 규제에 민감

생활용품 및 음료 사업은 유통 채널에 대한 규제가 직접적인 영향을 받는다. 2012년 4월에 도입된 대형마트·기업형슈퍼마켓 영업규제는 한 달에 두 번 휴업하고, 영업시간과 출점에 제한을 두는 것으로 전통시장 활성화의 목적으로 만들어졌다. 이로 인해 2012년부터 2014년까지 대형마트의 기존점 신장률은 역신장하였으며 수익성 또한 감소하였다. 이러한 규제는 대형마트뿐만 아니라 입점업체 및 제조업자에게도 부정적인 영향을 끼쳤다. LG생활건강의 생활용품과 음료사업의 경우 대형마트 및 기업형 슈퍼마켓 매출 비중이 약 12~15% 수준이다. 그러므로 고객 수 감소와 유통업체들의 할인경쟁은 매출 및 수익성에 크게 영향을 미쳤다. 그러나 영업규제가 3년이 넘어가는 시점에서는 영향력이 완화되고 있는 상황이다.

화장품산업: 완화되고 있는 규제

한편 최근 국내외 화장품 관련 규제는 전반적으로 완화되는 분위기다. 대한화장품협회는 2015년 화장품 안정성 규제를 강화하는 한편, 글로벌시대에 부합하지 않는 불합리한 제도는 개선하고 규제를 완화하는 데 주력하겠다고 한다. 또한 해외 수출 확대를 위해 국내 화장품 제도가 선진국과 비슷한 수준으로 갈 수 있도록 개선해나갈 방침이다. 이는 국내 화장품의 안정성을 더욱 강화하고 화장품업체의 해외

대형마트 기존점 신장률 추이 – 영업규제와 경기부진으로 역성장 지속

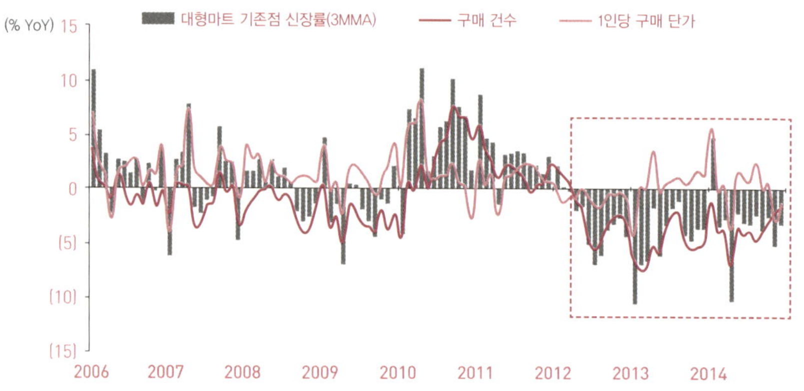

자료: 산업통상부

수출 확대에 긍정적으로 작용할 것으로 보인다.

또한 2015년 정부의 시내 면세점 추가 출점 결정은 국내 화장품업체에는 추가적인 성장의 기회를 제공할 것이다. 2014년 말 기준 LG생활건강은 국내에서 90개의 면세점 카운터를 통해 제품을 판매하고 있다. 2014년 기준 면세점 매출은 이미 화장품 전체 매출의 15%를 차지했다. 그만큼 면세점은 중요한 유통 채널이다. 2015년 하반기 시내 면세점 입찰 이후, LG생활건강의 주요 브랜드(예: 후, 오휘 등)가 새로운 면세점에 입점을 통해서 2014년에 이어 2015년에도 높은 매출 성장률이 달성 가능할 것으로 보인다.

멘토의 Tip ㉔   정부의 화장품산업 육성 전략 살펴보기

정부의 화장품산업 육성 전략을 살펴봅시다.
2013년 9월 정부는 국내 화장품산업을 2020년까지 세계 7위로 도약시키고, 수출 60억 달러를 달성하겠다는 발전 계획을 발표했습니다. 한방·발효화장품 등 고기능성 원천소재 발굴에 투자를 집중하여 기술 수준을 2018년까지 선진국 대비 90%로 높이고 글로벌 톱 브랜드가 나오도록 지원하겠다는 전략입니다. 정부는 화장품이 제조업에 비해 부가가치가 높고 경기민감도도 자동차나 의류에 비해 낮아 집중 육성의 가치가 높다고 평가합니다. 국내 화장품시장에는 비첩자생에센스처럼 매출이 1,000억 원을 넘는 브랜드가 20개가량 있다고 합니다. 기업의 요구와 정부의 의지가 잘 결합되고 있는 화장품시장인데요. 여러분 모두 이런 비전의 주인공이 되면 좋겠습니다.

관련 자료 찾아보기 ㉒
2013년 9월 12일 보건복지부 발표,
〈2020년 화장품산업, G7국가로 진입〉

보건복지부가 2013년 9월 12일 발표한 〈2020년 화장품산업, G7국가로 진입〉 보도자료를 참고하기 바랍니다. 정부 정책을 담은 내용이지만 화장품산업과 시장의 주요 이슈와 트렌드가 무엇인지 알기 쉽게 정리되어 있습니다. 특히 화장품이 앞으로 융·복합 뷰티 솔루션으로 진화해나가도록 한다는 부분을 보면 화장품 기업이 의료, 식품, 미용디바이스, 통신 등의 영역에도 많은 인재를 필요로 할 것임을 이해할 수 있습니다.

04
가격경쟁

가격경쟁이 가열화된 시장 대응

LG생활건강의 더페이스샵 경우, 국내 매출 1위 브랜드숍으로 시장 점유율 유지를 위한 시장 수준의 할인 정책을 유지하는 대신 앞으로의 성장은 적극적으로 해외 시장 진출을 통해 이루어내려고 한다. 우선 장기적인 국내 성장을 위해 자체 생산 시설과 R&D를 통해 브랜드 경쟁력을 보호하고 있다. 이를 위해 더페이스샵은 2014년 9월부터 R&D 이노베이션 센터를 가동해 주력상품은 자체개발하여 브랜드력을 높이려고 한다. 또한 더페이스샵의 전체 매출 중 약 25%가 해외인 만큼, 중국을 중심으로 한 중화권 지역과 동남아시아 시장으로의 적극적인 진출을 추구하고 있다.

1인 가구 증가로 달라진 생활용품시장

국내 생활용품시장에서는 홈케어 분야의 가격경쟁이 심한 편이다. 지난 2012년 특히 P&G의 섬유유연제 브랜드인 다우니와 회사 내부 문제로 침체되어 있던 피죤이 가세하여 가격경쟁을 시작하면서 시장 점유율 경쟁이 시작되었다. 그러나 P&G가 적극적인 마케팅에도 불구하고 점유율을 크게 높이지 못했는데, 이는 1인 가구 증가로 인해 소비자들이 할인을 하더라도 큰 용량의 제품보다 작은 용량의 제품을 선호하고 고급화된 소비 취향으로 인해 차별화된 제품을 선택하는 트렌드가 시작되었기 때문이다. 또한 지나친 가격경쟁으로 수익성이 떨어진 점도 회사들의 가격경쟁을 완화시키는 계기가 되었다.

저가 화장품 중심으로 가격경쟁 심화

화장품 업계에서 가격경쟁은 브랜드숍 중심의 저가 화장품 시장에서 주로 나타나고 있으며, 기업들의 과다한 마케팅 및 프로모션으로 출혈경쟁에 따른 성장둔화 현상이 나타나고 있다. 브랜드숍 중심의 저가 화장품 시장은 가격경쟁력, 신속한 트렌드 대응력, 공격적인 마케팅 등으로 2012년까지의 시장성장률 대비 높은 성장을 보였다. 그러나 OEM·ODM을 통한 아웃소싱 기반인 브랜드숍은 진입장벽이 낮기 때문에 후발주자들의 진출이 지속되면서 가격경쟁이 심화되었다.

이로 인해 업체들의 매출성장이 둔화되고 광고 및 판촉비 증가로 이익률 감소가 이어져 상위 업체들 중심으로 무분별한 가격경쟁을 지양하고 전략제품 개발과 효율적인 가맹점 지원 및 관리에 힘쓰는 흐름이 나타나고 있는 추세다. 앞으로 브랜드숍 업체들의 추가적인 수익성 악화는 제한적이라고 판단하지만, 업종 특성상 경쟁은 지속될 것으로 보인다.

Fig 29

상위 7개 브랜드숍업체 매출성장률 둔화

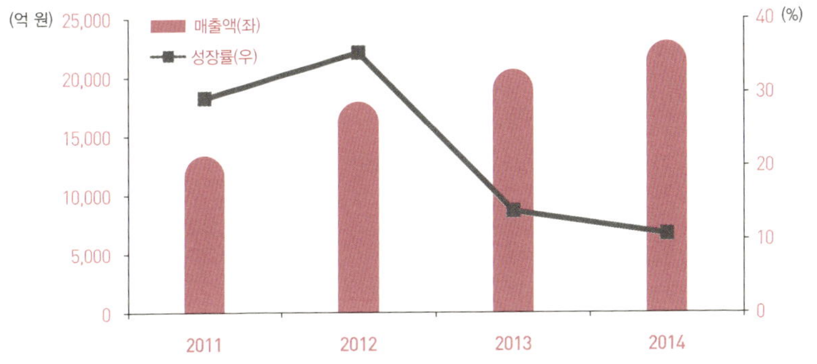

*상위 7대 브랜드: 더페이스샵, 이니스프리, 에뛰드, 에이블씨엔씨, 네이처리퍼블릭, 토니모리, 스킨푸드

자료: 각 사

더페이스샵의 중동 화장품시장 진출 전략에 대해 살펴봅시다.

중저가 화장품시장에서 가격경쟁이 치열해짐에 따라 2013년부터 생산전문업체ᵒᴰᴹ로의 전환도 동시에 이뤄지고 있습니다. 브랜드숍 출점이 포화상태에 이르고 자체 브랜드와 상품에 대한 지속적인 투자를 담보하기도 어려워지면서 ODM을 통해 화장품시장의 열매를 공유하겠다는 전략입니다. 구체적인 회사로는 한불화장품, 한국화장품 등이 ODM으로 전향했습니다. 하지만 LG생활건강은 국내시장에서의 가격경쟁보다는 해외 시장 개척을 통한 성장을 추구하겠다는 입장입니다. 더페이스샵이 지난 몇 년간 보여준 해외 시장에서의 성과를 보면 충분히 납득이 됩니다. 중국에서의 성공을 발판 삼아 요르단, 사우디, 오만 등 중동시장에 큰 관심을 갖고 있는 만큼 이 지역 화장품시장 진출 전략에 대해 살펴보기 바랍니다.

관련 자료 찾아보기 ㉓
검색 키워드, 'LG생활건강 중동 진출'

'LG생활건강 중동 진출'을 키워드로 관련 보도를 정리해보기 바랍니다. 더페이스샵 외 미샤, 참존, 토니모리 등도 이미 중동에 진출하고 있습니다. 우리 화장품뿐만 아니라 할랄식품, 한류 문화콘텐츠, 의료서비스 등도 중동 사람들에게 인기가 높다고 합니다. 만일 면접에서 더페이스샵의 중동 진출 전략에 대한 질문이 나온다면 화장품만 볼 것이 아니라 한류라는 큰 흐름 속에서 시너지 창출 전략을 모색해봐도 유익할 것입니다.

05

환경과 공존을 지향하는 지속가능경영

소비자의 건강과 안정이 최우선

LG생활건강은 지속가능경영을 통해 소비자의 건강과 안정을 최우선으로 하는 제품 개발에 주력하고 있으며, 이를 위해 다양한 활동을 펼치고 있다. 세계 화장품시장의 동물실험 반대 움직임에 따라 관련법까지 만들어지고 있는 상황인 만큼, LG생활건강은 2012년부터 화장품, 생활용품 완제품이나 그 원료에 대해 동물실험을 하지 않고 있다. 이는 EU의 동물실험 반대 등 글로벌 시장의 변화와 국내 소비자들의 동물보호 의식에 대한 향상을 고려한 것이다. 또한 동물실험을 대체할 수 있는 세포배양실험 같은 기술의 발달로 인체 안정성 평가에서 동물실험을 배제하였다.

2005년에 출시된 비욘드는 친환경, 동물실험 반대 등의 브랜드 전략

LG생활건강의 지속가능제품 매출액 성장 추이

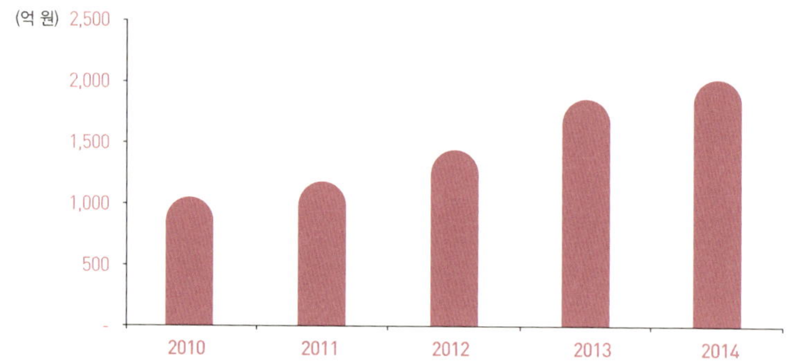

자료: LG생활건강

을 펼치고 있다. 2008년부터 화장품 완제품 및 원료에 대한 동물실험을 완전히 배제하고 친환경, 공정거래, 화학 방부제 무첨가, 인공색소

친환경 사례: 비욘드 에코 밸류

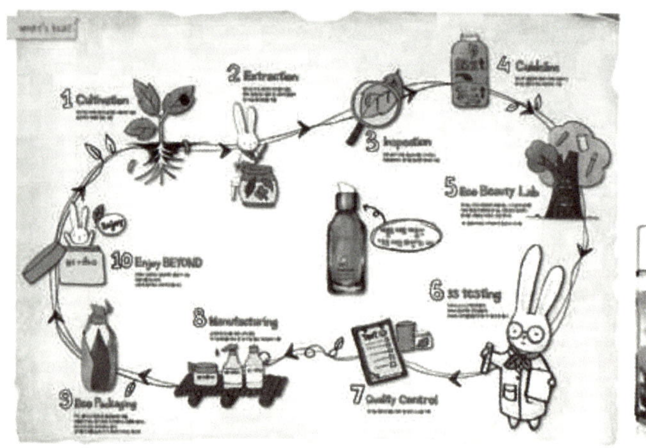

자료: LG생활건강

무첨가, 동물실험 반대, 피부안정성 테스트, 화학성분 최소화, 폐기물 최소화 등의 원칙을 가지고 친환경 뷰티브랜드라는 철학을 펼치고 있다. 또 2012년 말 'Save Us Fund'를 설립하여 판매 수익금의 일부를 동물보호단체에 기부하는 등 기금마련 사업을 진행 중에 있으며, 동물보호를 위한 후원 및 친환경 제품들을 출시하고 있다.

멘토의 Tip ㉖ 지속가능경영을 위해 갖추어야 할 자세 고민하기

지속가능경영을 위한 조직원의 마인드와 자세를 고민해봅시다.
미국 월가를 대표하는 다우 지수의 역사를 잠깐 살펴보겠습니다. 1896년 12개 종목으로 출발한 다우 지수는 1928년에 현재와 같은 30개 대표 종목으로 구성됩니다. 그동안 지수에 편입되었다가 사라진 기업들이 부지기수인데 초창기부터 지금까지 다우 지수에서 살아남은 종목은 제너럴일렉트릭[GE]이 유일합니다. 이는 지속가능한 경영이 그만큼 어렵다는 의미일 것입니다. LG생활건강이 친환경과 동물보호 같은 노력에 남다른 노력을 집중하는 이유는 결국 100년의 성장을 담보하기 위한 전략일 것입니다. 이런 실천을 위해 조직원들이 어떤 마인드와 자세를 가져야 할지 미리 고민해보기 바랍니다.

LG생활건강 홈페이지에서 '그린경영' 코너의 내용을 살펴보기 바랍니다. LG생활건강은 지속가능경영을 위해 핵심 이슈별로 그리고 연도별 달성 목표를 정하고 이를 실천해나가고 있습니다. 3대 경영 목표와 5대 실천 과제 정도는 숙지하고 있어야 하겠습니다. 또한 그린경영 목표와 관련해서 온실가스와 용수 감축 목표, 실적 등의 내용을 정리해보기 바랍니다.

06

건강과 미를 동시에
추구하는 트렌드

최근 언론 및 온라인 매체에서 제기되는 가장 큰 이슈 중 하나는 화장품의 역할 확대다. 최근 소비자들의 관심이 일반 화장품에서 자연과 건강을 중시하는 웰빙well-being으로 옮겨지면서 화장품의 역할이 아름다운 피부 표현이라는 목적을 넘어서, 피부를 치료하거나 건강한 아름다움의 니즈를 채워주는 것으로까지 확산되고 있는 것이다.

코스메슈티컬 시장 확대

코스메슈티컬은 화장품Cosmetic과 의약품Pharmaceutical의 합성어로 단순한 기능성 화장품에 의약품의 전문적 치료기능까지 합친 제품을 말한다.

기존의 기능성 화장품이 미백, 주름 개선 같은 미용 목적 정도였다면, 코스메슈티컬 제품은 피부를 치료하는 의학적 성격을 가지고 있기 때문에 가격 대비 고기능성 제품을 원하는 소비자들의 니즈에 적합하다.

글로벌 코스메슈티컬 시장은 약 40조 원 정도로 추정되고 있으며, 전세계 화장품시장의 약 13% 비중을 차지하고 있다. 국내 코스메슈티컬 시장 규모는 약 5,000억 원 수준으로 한국 화장품시장에서 차지하는 비중은 약 3~4% 정도에 불과하다. 그러나 국내 코스메슈티컬 시장이 연평균 약 15%씩 성장하여 다른 카테고리보다 높은 성장률을 보이고 있을 뿐만 아니라 국내시장이 아직 선진국 대비 활성화된 성장기가 아닌 도입기라는 점을 고려할 때 잠재적 성장성은 충분한 것으로 보인다.

Fig 32

코스메슈티컬 제품의 예 – 차앤박 화장품

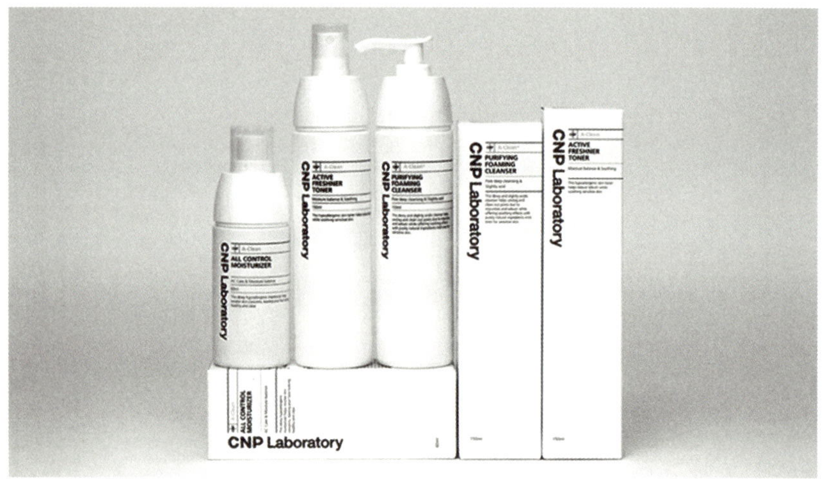

자료: 신문기사

국내 주요 화장품업체들도 빠르게 성장하는 코스메슈티컬 시장에 진입하고 있다. 화장품은 화장품법령에 따라 의약품과 구분돼 질병 치료제를 사용할 수 없어 그동안 화장품 회사들이 제품을 연구·개발하는 데 한계가 있었다. LG생활건강은 기존 코스메슈티컬 브랜드 '케어존', '더마리프트' 외에 2014년 10월에 국내 유명 피부과 화장품인 ㈜씨앤피코스메틱스(CNP Cosmetics)의 지분 86%를 54억 원에 인수했다. ㈜씨앤피코스메틱스는 차앤박피부과의 이니셜을 따 2000년에 설립된 회사로 피부타입별 맞춤화장품 총 122품목(시술용, 일반용, 홈쇼핑 등)을 판매하고 있다. LG생활건강은 인수를 통해서 코스메슈티컬 라인업을 강화화고 기존 병원 판매 중심에서 일반 채널로의 확대를 통해 사업을 확장시킬 예정이다.

이러한 화장품의 진화 트렌드는 2015년 10월 글로벌 화장품 그룹인 에스티로더가 국내 스킨케어 브랜드 닥터자르트 및 남성 스킨케어 브랜드 DTRT(Do The Right Thing)의 대주주인 해브앤비 주식회사(Have & Be)의 지분 투자 계약을 체결한 데에서도 볼 수 있다. 이는 수많은 성공적 M&A를 이끌어냈던 에스티로더와 같은 글로벌 기업이 세계적으로 뷰티 시장을 선도하는 한국 화장품에 관심을 표현한 것과 동시에 국내 대표적인 코슈메슈티컬 화장품인 닥터자르트에 대한 성장 가능성을 크게 보고 있는 것이기 때문이다. 닥터자르트는 피부과 과학에 화장품을 결합한 제품들로 의학적 자료를 바탕으로 기능이 입증된 화장품 브랜드이며, 국내뿐만 아니라 아시아 및 미국에서도 판매되고 있다.

 **제약사의 화장품시장 진출에 대한 대응 전략을 고민해봅시다.**
코스메슈티컬 이슈와 함께 고민해볼 부분은 제약업계의 화장품 산업 진출 문제입니다. 화장품과 제약의 결합 시장이기 때문에 기존 화장품 기업에만 기회가 돌아가는 것이 아니기 때문입니다. 국내의 경우 동성제약이 1997년에 이미 진출했지만, 제약회사들의 본격적인 시장 참여는 2012년부터 시작되고 있습니다. LG생활건강 입장에서 제약업계의 코스메슈티컬 시장 진출에 어떻게 대응해야 할지 살펴보기 바랍니다.

관련 자료 찾아보기 25
검색 키워드, '코스메슈티컬 시장' 

'코스메슈티컬 시장'을 키워드로 관련 내용을 정리해보기 바랍니다. 사실 의약품 분야에서 매출 부진이 지속되면서 제약사는 사업다각화 노력을 강화하고 있습니다. 대표적인 분야가 화장품, 건강기능식품, 음료 등입니다. 일단 코스메슈티컬 시장은 제약사의 고유 경쟁력이 있는 분야여서 주요 제약사 중심으로 화장품 브랜드를 론칭하고 있습니다. 여유가 된다면 제약사에서 만든 제품과 LG생활건강에서 만든 제품을 비교해보고 판매 전략을 어떻게 가져가야 할지 탐색해보기 바랍니다.

섭취하는 화장품, 이너뷰티 시장의 확대

또한 건강보조식품 분야에서도 이너뷰티 제품이라는 명목으로 판매가 확대되는 중이다. 이너뷰티 제품은 바르는 화장품이 아닌 음용을 통해 여러 가지 성분을 피부 속으로 흡수시켜 피부 체질 자체를 건강하게 바꿔주는 제품이다. 국내 이너뷰티 시장은 약 4,000억 원 수준으로 추정되고 있는데, 이는 국내 건강보조식품 시장의 약 20% 수준이다. 국내 여성들이 건강한 피부, 특히 동안童顔이라는 미를 추구한다는 점을 고려할 때 앞으로 이너뷰티 시장의 잠재 성장성은 높을 것으로 보인다.

LG생활은 2007년 건강기능식품 브랜드인 '청윤진'을 출시하며 이너뷰티 시장에 본격적으로 진출하여, 초창기 방문판매 인프라를 통해 판매를 늘려나가고 있다. 주요 품목은 청윤진 하나미비컴으로 복합비타민 B군과 돈태반 추출물을 부원료로 만들어 여성 활력 증진에 도움을 주는 제품이다. 또한 마시는 콜라겐이나 슬리밍 제품 등 여러 가지 라인을 확장시키고 있다. 또한 2013년 1월 일본 직접 판매 이너뷰티 회사 3위 업체인 에버라이프를 인수하여 사업다각화와 해외시장 진출을 하고 있다.

 **인기 한류 화장품 판매와 이너뷰티 제품을 연계시킬 수 있는 방법을 모색해봅시다.**

　화장품 판매와 이너뷰티 제품을 연계시킬 수 있는 방법을 탐색해봅시다. 먹는 화장품을 일컫는 이너뷰티 시장도 건강과 미용에 대한 관심이 증가하면서 높은 성장세에 있습니다. LG생활건강의 '뷰티앤써' 사이트에도 다양한 이너뷰티 제품들을 발견할 수 있습니다. 이너뷰티 시장은 국내보다는 오히려 중국시장이 규모나 제품의 종류 면에서 더 발달되어 있다고 합니다. LG생활건강이 중국 이너뷰티 시장을 공략하는 방법에 대해 가볍게라도 살펴보면 좋겠습니다. 참고로 중국은 콜라겐 주성분의 드링크제나 캡슐, 분말 형태가 주류를 이루고 있다고 하는데, 인기 한류 화장품 판매와 이너뷰티 제품을 연계시킬 수 있는 방법은 없는지 탐색해봅시다.

관련 자료 찾아보기 ㉖
검색 키워드, '이너뷰티 시장'

　'이너뷰티 시장'을 키워드로 국내외 이너뷰티 시장 규모와 동향을 살펴보기 바랍니다. LG생활건강은 화장품과 음료 제조 영역 모두 갖고 있는 회사인데, 이너뷰티 시장에 화장품의 관점에서 접근하는 것이 좋을지 아니면 음료의 관점에서 공략하는 것이 좋을지 각자 생각해보기 바랍니다. 정답 보다는 다양한 사실관계에 기반한 논리 개발이 중요합니다.

경영 요소:
글로벌 뷰티와
퍼스널 케어의
한국 대표

LG생활건강이 화장품, 생활용품, 음료라는 세 부문에서 모두 좋은 성과를 낼 수 있었던 전략의 바탕에는 무엇이 있는지 살펴보기 바랍니다. LG생활건강의 기술개발과 영업마케팅을 동시에 중시하는 조직 운영, 또 고급화와 차별화를 지향하는 마케팅 전략, 고객과의 소통 그리고 품질관리를 중시하는 경영, 현재의 재무 현황 등을 모두 점검해보기 바랍니다.

01

주요 직무의 이해

세일즈

대리점, 할인점, 백화점, 홈쇼핑, 온라인 등 다양한 영업 채널 관리, 제품 판매 촉진 프로모션 기획, 판매사원 교육 등을 담당한다.

R&D

생활용품, 화장품, 건강기능식품, 음료 등과 관련한 핵심 기반 기술, 신소재 및 신제형 개발과 시장 선도제품 개발 업무를 담당한다.

해외사업

글로벌 사업 전개를 위한 신시장 개척, 현지 마케팅 지원, 해외 거래선 관리 등의 업무를 담당한다.

생산

생산기술 혁신, 품질 관리, 공정 개선, 협력업체 지도 등을 통해 생산과정 전반에 걸친 프로세스를 계획하고 실행한다.

디자인

고객에게 자사의 제품을 보다 더 매력적으로 어필할 수 있는 그래픽, 인테리어, 제품용기, VMD(Visual Merchandising) 디자인 등을 담당한다.

경영지원

인사, 전략기획, 재경, 구매, 물류 등 사업 활동을 원활하게 수행할 수 있도록 하는 비즈니스 지원 업무를 담당한다.

Fig 33

LG생활건강 직무구조

자료: LG생활건강

02

매출의 성장동력,
고급 한방화장품

프레스티지 화장품 중심의 성장

LG생활건강은 고가 화장품을 주력으로 성장을 꾀하고 있다. 특히 프레스티지 화장품 브랜드인 후는 최고 히트 제품이다. 후는 2003년에 왕과 왕후에게만 진상되었던 궁중비방을 현대적으로 재해석하여 출시한 고급 한방화장품 브랜드다. LG생활건강은 후를 통한 고급화 전략과 VIP마케팅 전략에 노력을 기울이고 있다. 후는 이러한 노력으로 면세점을 비롯한 전 채널에서 고성장하여 2014년 글로벌 기준 매출 4,300억 원을 달성하며 전년대비 110%의 성장을 기록했다. 이는 LG생활건강의 2014년 총매출 기준 9%, 화장품 매출의 22%를 차지하고 있으며, 그 비중은 늘어나고 있는 추세다.

왕후의 이미지를 접목시킨 궁중화장품, '후'

후 브랜드는 2014년 9월부터 롯데 본점, 월드점, 워커힐, 신라, 동화 면세점 등 시내 주요 면세점에서 화장품 매출 1위를 달성하였다. 이러한 면세점의 고성장은 중화권 현지 매장에서도 이어져 중국에서 전년 대비 143%, 대만 26%, 홍콩 257% 매출 성장을 보여 중화권 합산 매출도 전년대비 100% 이상 성장하였다. 이처럼 면세점 매출의 70%를 차지하고 있는 후의 선전으로 LG생활건강의 2014년 면세점 매출은 전년대비 200% 이상 증가하였다.

후의 성공은 여성의 최상위 계층인 왕후의 이미지를 접목해 기존 한방화장품과는 다른 궁중화장품이라는 차별화된 콘셉트로 소비자들

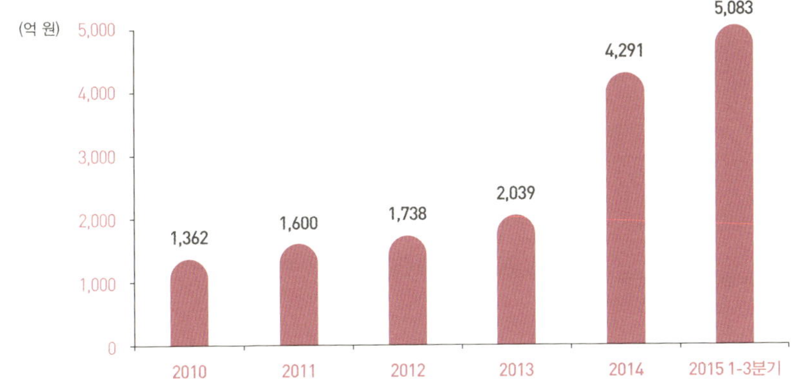

Fig 34

후 브랜드 매출액 – 급속하게 증가 추세

로부터 주목을 끌었다. 또한 20가지 이상의 한방 재료를 혼합하여 최적의 효능을 만들었는데 이는 고품질 제품에 대한 R&D 기술에 기인한 것이다. 특히 한국 전통미를 살린 세련된 디자인으로 국내뿐만 아니라 중국 소비자들의 눈길을 사로잡은 것도 한몫한 것으로 보인다. 후 브랜드의 인기가 면세점에서 독보적인 만큼 LG생활건강은 소비자니즈에 맞는 면세점 전용 세트 판매를 증가시키고 있으며, 중국인 관광객들이 선호하는 화려하고 고급스러운 비단 및 자개 장식의 패키지 판매가 늘고 있어 향후 높은 매출 성장이 지속될 것으로 보인다.

이처럼 프리미엄 궁중화장품으로 포지셔닝에 성공한 후는 중화권 중심으로 해외 시장 공략도 가속화하고 있다. 2014년 말 기준 중국에서 89개의 백화점 단독 카운터에서 매장을 운영하고 있으며, 장기적

LG생활건강 프리미엄 브랜드, 후

자료: LG생활건강

으로 160개 이상까지 늘릴 예정이다. 또한 홍콩, 대만 등에도 고급 백화점 입점을 가속화하고 있으며, 중화권 고객에게 맞는 패키지와 라인을 개발하는 맞춤형 전략으로 아시아 명품 브랜드로 키우겠다는 비전을 가지고 있다.

프레스티지 화장품과 기업고객 연관시키기

프레스티지 화장품을 기업고객과 연관시키는 시각을 가져봅시다.
프레스티지 라인 '후'의 경우 일반 소비자B2C 채널만 생각할 수 있는데 실제로는 기업고객B2B도 중요하게 생각해봐야 합니다. 막상 자기 돈으로 수십만 원짜리 화장품을 구매하기는 쉽지 않습니다. 오히려 기업에서 접대용으로 이런 화장품을 구입하기는 쉽습니다. 선물은 자기 돈으로 구매하기는 애매하지만 남으로부터 선물로 받아 기분이 좋으면 더욱 빛을 발합니다. 이런 요건을 충족시키기에 프레스티지급 화장품이 제격인 것입니다. B2B 매출이 얼마인지는 파악이 어렵겠지만 프레스티지 화장품을 기업고객과 연관시켜 볼 수 있다는 점, 그리고 기업고객을 대상으로 자신만의 영업 전략을 자소서나 면접에서 어필해볼 수 있다는 시각을 가져보기 바랍니다.

03

고급화, 차별화를 지향하는
마케팅 전략

고급화, 동시에 경쟁사와 차별화를 위한 노력

LG생활건강의 전반적인 마케팅 전략은 고급화 및 VIP마케팅 전략이다. 고급화를 통해 추구하는 브랜드 전략은 시장조사를 통한 브랜드 콘셉트 및 타깃 고객층을 결정한 후 스토리텔링, 고객과의 커뮤니케이션 확대, 상징적 제품 개발로 이어진다.

이러한 전략은 LG생활건강의 주력 브랜드인 후에서 잘 나타난다. 후의 경우 출시 당시 업계 1위 브랜드인 설화수와 어떻게 차별화 할 것인가에 초점을 맞췄다. 설화수의 약점과 강점을 파악하였다. 설화수는 오랜 전통을 가진 프리미엄 한방 화장품의 대표 브랜드라는 강점이 있었다. 하지만 주로 중년층이 사용하기 때문에 젊은 여성의 이미지에는 부합하지 않았다. 후는 후발주자인 만큼 30대 후반 여성을 타깃으로 이들이 선호할 수 있는 이미지로 포지셔닝을 하는 것이 효과적이라고 판단했다. 또한 한방기능에 대한 소비자들의 신뢰감을 활용해 고급 이미지를 부각시켜 브랜드 아이덴티티 체계를 구축하였다.

'왕후의 피부로 환생하다', 스토리텔링의 미학

후 브랜드 출시 후, LG생활건강이 가장 먼저 도입한 것은 스토리텔링 마케팅이다. 이는 상품에 담겨 있는 의미나 개인적인 이야기를 제시하면서 소비자들의 감성을 자극하는 마케팅 활동으로서, 후는 이 마케팅을 통해 관심과 인지도를 제고시켰다. 예를 들면 주요 성분인 공진단이 중국 원나라 명의들이 왕과 왕비에게 진상했던 보약 성분이라는 사실을 부각시켜 후 제품 사용과 동시에 왕후의 피부로 환생시킬 수 있다는 스토리를 전달했다.

성공적인 브랜드 정착을 위한 노력

후의 조기 정착을 위해 브랜드 커뮤니케이션 활동도 수행하였다. 주로 고급스러운 이벤트를 진행하여 언론의 주목을 받거나, 캠페인을 통해 유행과 브랜드를 주도하는 고소득 오피니언 리더 계층을 이용하는 등 브랜드 인지도를 개선시켰다. 브랜드 친숙도를 제고하기 위해 우아하고 품격 있는 이미지를 보유한 이영애를 광고의 전면에 앞세워 친숙한 프리미엄 전략을 추구했다. 매출도 출시 직후 2003년 150억 원, 2004년에 350억 원을 달성하는 등 호조를 보였다.

LG생활건강은 이후 상징적 제품인 '환유고 크림' 출시를 통해 브랜드를 확고하게 정착시키는데 성공했다. 환유고의 제품 콘셉트는 피부 노화방지에 관심이 많은 고소득 및 전문직 여성을 대상으로 산삼, 녹용 등 최고급 약재를 사용하여 만들어낸 최고급 제품이다. '10년을 되돌리는 비밀'이라는 카피로 단기간에 소비자들의 관심을 끌었고 예술성이 가미된 제품을 판촉물로 제공하면서 고객 만족도를 높였다.

이러한 체계적인 마케팅 전략은 브랜드 인지도, 고개만족도, 그리고 재무성과로 연결되고 있다. LG생활건강은 프리미엄 제품의 효과적인 마케팅을 위해서 소비자들에게 감성적으로 어필하고 동시에 고품질 및 대중성을 확보한 덕택에 후처럼 매출 효자 상품이 등장할 수 있게 되었다.

 **중국 죽염치약 성공 시사점을 전략적으로 활용해봅시다.**

LG생활건강의 '후'가 화장품 고급 마케팅에 성공했다면, '죽염치약'은 중국의 생활용품시장에서 고급화 전략이 통한다는 사실을 보여주는 사례입니다. 죽염치약은 LG생활건강의 모든 브랜드 중에서 유일하게 중국 매출이 국내 매출을 초월하고 있는 브랜드입니다. 이런 성공에는 마케팅부터 광고까지 다양한 스토리가 들어있습니다. 1997년 럭키치약, 1999년 페리오치약이 저가 전략으로 중국에서 줄줄이 고배를 마셨지만 2001년 고가 브랜드를 들고 재입성해서 만들어낸 결과입니다. 국내 경우이긴 합니다만, 고가 화장품 '후'도 선점하고 있던 '설화수'와의 경쟁을 위해 '대립 이미지'라는 마케팅 전략을 구사하여 양강 구도를 만들어냈습니다. 이처럼 LG생활건강의 성공 스토리에 담겨진 시사점을 정리하면서 자신의 경험이나 장점도 이런 요소와 잘 부합할 수 있다는 논리를 만들어보기 바랍니다. 예컨대, 대외 입상 경험이 있다면 그냥 '노력의 결과'라고만 하지 말고, 그 결과를 이끌어내기 위해 '어떤 준비과정과 접근 전략이 있었는지'를 LG생활건강 사례(중국 죽염치약 성공 시사점)에 맞추어 정리해보는 식입니다.

04

전략적 아웃소싱 구조를 가진 화장품산업

화장품 OEM·ODM 시장의 성장

화장품의 OEM·ODM 시장은 2003년 브랜드숍 시장이 빠르게 성장하면서 부각되기 시작했다. OEM·ODM 시장은 약 1조 2,000억 원의 규모로 추정되고 있으며, 국내 화장품시장 규모의 약 10%를 상회하는 비중이다. 현재 약 300여 개의 업체가 시장에 참여하고 있는 것으로 추산되고 경쟁구도도 점차 심해지고 있다. 이 시장에서 코스맥스와 한국콜마는 국내 최대 화장품 ODM 기업으로, 양사 합산하여 약 50%를 차지하고 있다.

ODM의 구조는 화장품 제품기획에서부터 개발, 생산, 완제품 출하까지 이루어진다. 주요 OEM·ODM 업체들은 식약청 지정 CGMP(Cosmetic Good Manufacturing Practices)와 국제기준 CGMP인 ISO22716을 인증받았다. 2011년 우리나라는 화장품 CGMP 기준을 국제 CGMP의 기준에 맞추어 개정하고, 그 인증 권한을 기존 대한화장품협회에서 국가기관인 식품의약품 안전처로 이관하였다. 이는 국내 CGMP 기준을 국제 수준으로 한 단계 끌어올리기 위한 것으로 결과적으로 세계적으로 높은 품질을 보장하게 되는 것이다.

OEM·ODM 시장은 브랜드숍의 꾸준한 성장세와 홈쇼핑 및 헬스&뷰티스토어 등의 신유통 확산, 해외 시장 확장 등으로 인해 꾸준한 성장세가 가능할 것으로 보인다. 특히 중국시장을 비롯한 동남아시장에서 한국산 화장품이 강세를 보이면서 이들 화장품 OEM·ODM 기업들의 성장 동력을 이끌 전망이다. 이와 함께 기존 시장 주도 업체들의 생산설비 확충과 브랜드 판매사의 시장 진입 등으로 전체 시장 규모를 키울 것으로 예상된다.

고가 및 전략 제품은 자체 생산하다

국내 주요 화장품업체들의 내재화 비율은 약 70% 수준이다. 기술적 노하우가 응집되어 있는 프리미엄 브랜드들에 대해서는 자체 생산하는 것이 일반적이다. LG생활건강 역시 후, 오휘 같은 고가의 브랜드는 자체 생산한다. 저가브랜드라도 더페이스샵 같은 전략 제품은 자체 생산시설을 활용하여 모방 제품에 대한 리스크를 줄이고 있다. 또한 수십여 개의 OEM·ODM 업체를 통해 아웃소싱을 하고 있다.

C&D 전략을 크라우드 소싱의 관점에서 접근해봅시다.

외형적으로 보면 LG생활건강은 고가 라인을 자체 생산하고 나머지는 OEM과 ODM 등을 통한 아웃소싱 구조를 갖고 있습니다. 하지만 이런 일차적인 아웃소싱의 모습 외에도 최근 글로벌 아웃소싱 트렌드를 이해할 필요가 있습니다. LG생활건강은 2006년부터 C&D(Connect & Develop)라고 하는 개방형 연구개발 전략을 추구하고 있습니다. 아웃소싱 관점에서 이것은 일종의 '크라우드 소싱' 전략이라고 볼 수 있을 겁니다. 집단지성의 힘을 빌리는 크라우드 소싱 전략은 IT·소프트웨어뿐만 아니라 패션, 신발, 화장품, 생활용품 등 다양한 영역에서 구사되고 있습니다. LG생활건강 지원자라면 이런 흐름을 놓쳐서는 안 되겠습니다.

관련 자료 찾아보기 ㉗
검색 키워드, '크라우드 소싱'

'크라우드 소싱'을 키워드로 관련 내용과 사례들을 살펴보기 바랍니다. 조선일보 위클리비즈 2015년 4월 4일자 '크라우드 소싱의 힘, 글로벌 팀워크, 세상을 바꾸다' 기사를 읽어보기 바랍니다. 크라우드 소싱이 어떤 영역에서 어떤 방식으로 진화하고 있는지 구체적인 사례를 소개하고 있습니다.

05
고객과의 소통, 품질 관리를 통한 대고객 전략

고객과 소통 강화를 위한 노력

LG생활건강은 고객만족과 품질경영을 위해 고객의견 청취와 소통 강화, 동일한 고객불만 재발방지, 전사품질 관리표준 구축, 개발품질 관리역량 강화, 양산품질 관리역량 강화, 특허 관리 및 우수외부자원을 활용한 제품 공통개발을 추구하고 있다. 동사는 통합 콜센터를 구축하여 고객불만 대응에 효율성을 높이고, 접수되는 고객불만 사항에 대해 원인을 규명하여 제품 및 서비스 개선을 하고 있다. 제품의 생산 단계부터 소비자 단계까지 발생하는 고객불만을 제품·불만 유형별로 분석하여 개선하고 있다.

품질개선을 위한 노력

품질개선을 위해 2012년 품질기반 신제품개발 프로세스 구축 및 사전 품질관리 가이드라인 수립 등 다양한 품질관리 강화 활동을 전개하였으며, 2013년에는 실패 사례를 체계화한 Q-Library(2006년 이후 처리된 품질 불만 개선이력 중 대량 불만을 야기했거나, 자발적 재고 회수를 유발한 사례를 모음. 품질 실패 사례 데이터베이스 시스템) 구축을 통해 신제품 개발 역량을 강화했다.

LG생활건강의 제품은 자체 사업장뿐만 아니라 협력회사를 통해 생산되고 있기 때문에 협력회사의 품질관리가 중요시되고 있다. 2013년 동사는 협력회사 제품의 동일한 품질관리를 위해 품질관리 지침서를 공유하고 필요 요건 충족여부를 자가진단할 수 있도록 점검표를 함께 구성하여 협력회사 협업에서 품질 관리에 활용하기 용이하게 하였다.

Fig 36
고객 주요 성과

핵심 관리 이슈	2013년 성과	달성 여부	이머징 시장
고객의견 청취와 고통 소통 강화	VOC 접수 및 관리	●	VOC 접수 및 관리
동일한 고객불만 재발 방지	고객불만 재발 방지 활동 (주거세제 유통 중 누액 개선)	●	고객 불만 재발 방지 활동
전사품질 관리표준 구축	화장품/생활용품 사업부 신사업 품질관리 프로세스 구축	●	사내 품질 매뉴얼 개선 사내 내규 문서관리 체계 개선
개발품질 관리역량 강화	Q-NPD 프로세스 안정화 및 Q-Library 구축으로 고객 클레임 사전예보	●	기기류 Q-NPD 프로세스 구축
양산품질 관리역량 강화	대상 협력회사 확대 및 사업장/ 부서별 평가체제 도입으로 사후관리 강화	●	자사 사업장 모니터링 교차점검 수행 대상 협력회사 범위 확대

자료: LG생활건강

LG생활건강 홈페이지에서 '지속가능경영 보고서^{CSR}'를 다운받아 상세히 읽어보기 바랍니다. 2009년부터 매년 발간하고 있는 이 보고서는 LG생활건강의 지속가능경영 전략을 엿볼 수 있는 중요한 자료이므로, 되도록이면 과거 보고서도 챙겨 읽기 바랍니다. Economic, Customer, Employee, Environment, Community 등의 각 카테고리마다 5개씩의 key index를 두고 있는데, 평소 반복적으로 읽으면서 수치들을 익혀두기 바랍니다. 특히 고객 카테고리 중에서 지속가능제품 매출이나 메가 브랜드 수치를 증가시키기 위해서는 어떤 노력이 필요한지 생각해보기 바랍니다.

글로벌 뷰티와
퍼스널 케어의 중심

LG생활건강은 한국을 대표하는 Global Beauty & Personal Care회사로 고객의 아름다움과 꿈을 실현한다는 비전 아래 세계적으로 경쟁력을 갖추고 산업 역량 강화를 위해서 하드웨어와 소프트웨어 두 분야를 모두 염두에 둔 전략을 펼치고 있다.

최적화된 인프라 환경

하드웨어 측면인 인프라를 고려할 때, LG생활건강은 높은 생산능력과 최적화된 설비효율을 지니고 있다. LG생활건강은 현재 청주, 울산, 나주공장 등 화장품 및 생활용품을 생산하는 공장을 갖추고 있다. 대부분의 화장품 및 생활용품 공장은 이미 70~85%의 가동률을 가지고 있어 증설이 필요한 상황이다. 또한 지속적으로 증가하고 있는 중국인의 높은 수요와 글로벌 사업의 확장으로 기존 생산설비를 증설할 계획을 세우고 있다.

LG생활건강은 2015년 5월 청주테크노폴리스 12만 2,314㎡ 크기의 부지에 2020년까지 2,428억 원대의 투자를 진행하기로 했다. 청주테크노폴리스 바로 인접 지역에 LG생활건강의 생활용품 및 화장품을 생산하는 기존 청주공장이 위치하고 있어, 기존 인프라와 인원을 활용하기 쉽고 사업연계도 효율적으로 진행할 수 있다. 뿐만 아니라 2014년 12월 천안에 '천안 LG생활건강 퓨쳐 일반산업단지'에 2017년까지 총 49만 5,868㎡ 크기의 부지에 1,386억 원을 투자해 공장을 준공하기로 결정했다. 이 신규 공장은 기존의 청주공장보다 규모 면에서 더 크고 화장품 원료농장, 연구개발센터, 첨단생산시설 등을 설립하여 선제적 생산시설 확대에 나설 것이다.

해외사업에서는 중국에서 항저우 현지 공장을 통해 화장품 생산 설비를 갖추어 상하이 법인을 중심으로 항저우, 난징, 베이징 등 중국내에서 17개 영업팀을 운영하고 있다. 항저우공장은 중국 최고 수준의 생산설비를 가지고 있으며, 2000년 중국 정부 승인 ISO9001, 2011년 ISO22716 인증을 획득하였다. LG생활건강은 철저한 고급화 전략과 VIP마케팅 전략을 펼치며 후의 경우 국내 생산 후 수출하는 방향으로, 저가 브랜드의 경우 부분적으로 현지 생산을 통해 매출을 확대시키고 있다.

LG생활건강의 생산능력

구분	품목	사업소	2014 (억 원)	가동가능시간 (누계) (시간)	실제가동시간 (누계) (시간)	평균가동률 (%)
Healthy	치약, 샴푸, 세제, 섬유유연제 등 피부용품 세탁용품계면활성제 등 랩	청주 울산 온산 나주	6,925 2,980 1,614 136	3,630 5,376 7,200 6,169	3,034 4,478 4,977 5,276	83.6 83.3 69.1 85.5
	소계		11,655	22,375	17,765	79.4
Beautiful	화장품	청주	14,148	2,376	1,904	80.1
	소계		14,148	2,376	1,904	80.1
Refreshing	탄산 및 비탄산음료 생수	여주 양산 광주 천안 익산 평창 철원	9,973 5,363 3,463 2,546 273 716 427	46,272 23,040 17,280 40,536 5,856 12,912 18,000	32,762 13,002 9,230 21,577 1,595 6,307 6,264	70.8 56.4 53.4 53.2 27.2 48.8 34.8
	소계		22,761	163,896	90,737	55.4
	합계		48,564	188,647	110,406	58.5

자료: LG생활건강

멘토의 Tip ㉜ 　　　　　　**다양한 잣대로 표의 수치 분석하기**

표에 나타난 수치를 다양한 잣대로 분석해봅시다.

LG생활건강의 주요 공장이 있는 지역명 정도는 익혀둘 필요가 있습니다. 자세한 생산 스펙까지는 아니더라도 화장품은 청주 공장에서, 생활용품은 청주 등 네 개 공장에서 그리고 음료는 여주 등 일곱 개 공장에서 생산하고 있으며, 단일 공장 기준으로 청주 화장품공장과 여주 음료공장의 매출이 1조 원 수준입니다. 가동률로 보면 익산 음료공장이 27%로서 매우 부진한데, 이는 기존에 영진약품 음료사업부가 쓰던 공장으로 2013년 10월 LG생활건강으로 매각된 이후 아직 가동률이 본격 궤도에는 못 오른 모습입니다. 이처럼 본문의 표에 나타난 수치를 다양한 잣대로 분석하다 보면 기업을 이해하는 힘도 함께 강해질 것입니다.

지속적인 인력개발을 위한 노력

한편 소프트웨어 측면인 시스템을 살펴보면, LG생활건강은 관련 인력에 대한 지속적인 교육을 할 수 있는 인프라와 시스템을 확보하고 있다. 구성원들이 건강하고 즐겁게 일할 수 있는 환경에서 조직의 생산성이 높아지고, 장기적으로 사업 목표를 달성할 수 있다는 것이 기업의 근간이기 때문이다. LG생활건강의 국내 임직원 수는 2014년 말 기준 3,974명으로 그중 여성 비율이 약 53%로 남성보다 좀 더 많다. LG생활건강은 임직원 만족경영과 가치경영을 위해 임직원의 안전과 건강 증진, 선도적 조직문화 조성, 직무별 차별화된 HR시스템 운영, Global 역량 강화, 현업중심의 HR운영, 다양성 존중, 공동체적 노경관계 구축을 전략적으로 추구하고 있다.

LG생활건강은 임직원의 건강과 안전한 근무환경 구현을 위해 다양한 건강증진 프로그램을 실시하고 있으며, 분기별로 전사차원의 사업장 및 영업 물류에 대한 안전 진단을 실시하여 직장 내 안전환경에 힘쓰고 있다. 또한 직원 개개인의 창조적 역량이 발휘될 수 있도록 8시간 근무시간 준수, 불필요한 회의를 생략하고, 근무시간연동제(Flexible Time)를 통한 근무시간 조절, 직급이 아닌 담당자 중심의 의사결정제도 등 시장에서 선도적 조직문화로 평가되고 있다. 그리고 직무별로 차별화된 채용과 보상제도로 직원 만족도를 높이고 있다. 마지막으로 신뢰의 노사관계 구축을 위해 원활한 커뮤니케이션과 직원 복지에 노력하고 있다.

07

기본 재무 지표

지난 2년간(2013~2014년) 글로벌 화장품·생활용품 업체 중 한국 화장품업체의 성장성이 돋보였다. 이 업체들은 성숙기에 접어든 미국, 유럽, 일본 시장에서는 낮은 한 자릿수의 매출 및 영업이익 성장에 그쳤다. 반면, 한국 화장품업체들은 두 자릿수 매출 및 이익 성장을 보였다. 국내 화장품 섹터지수는 국내 고가 화장품 시장의 턴어라운드, 방한 중국인 수요 급증, 해외 매출 및 이익기여도 향상으로 인해 2013년부터 2015년 3월까지 170% 상승하였다. 다만 LG생활건강의 경우 대형마트 의무휴업 및 세월호 사태 영향으로 인해 음료사업 및 생활용품사업이 부진하여 2013년부터 2014년 6월까지 35% 하락하였다. 그러나 고가 화장품, 특히 면세점 매출의 증가, 생활용품사업의 턴어라운드로 인해 2014년 6월 저점 이후 최근 고점인 2015년 4월까지 126% 급증하였다.

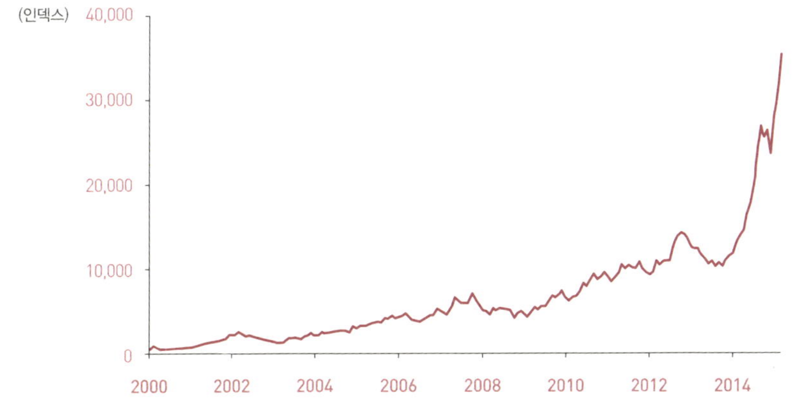

주요 지표 비교

LG생활건강은 서양의 주요 업체 대비 매출 및 영업이익 규모는 3~50% 수준으로 아직 작다. 시가총액 또한 글로벌 주요 업체 대비 4~40%로 여전히 작은 수준이다. 다만 LG생활건강은 2014년 4분기 실적 턴어라운드 이후 매출, 영업이익, 시가총액 기준으로 빠르게 성장하고 있는 상황이다. 특히 화장품은 고가 라인 기준으로 매출과 이익이 증가하고 있으며, 생활용품의 경우 어려운 영업환경에도 불구하고 시장점유율을 확장하고 있다. 음료사업의 경우 통상임금 증가로 인해 이익 증가가 어려운 상황이지만, 비용 통제 노력으로 이익률 감소에 대한 방어를 하고 있다.

수익성 영업이익률 측면에서 LG생활건강은 아모레퍼시픽보다 서양 화장품기업 대비 크게 하회하고 있다. 이는 상대적으로 이익률이 낮은 음료 및 생활용품 산업에 기인한다. 화장품 사업 기준으로는, LG생활건강이 14%(2014년 기준), 아모레퍼시픽이 18%(2014년 기준)로 LG생활건강이 낮은 상황이다. 이는 LG생활건강이 상대적으로 고마진 프레스티지 화장품 비중이 낮기 때문이다. LG생활건강은 2006년 이후 고가 화장품의 육성과 비용 통제로 이익률을 증가시키고 있다(2006년 이익률 9%). 기업의 이익창출 능력을 나타내는 ROE(자기자본이익률)는 LG생활건강의 경우 글로벌 업체 비슷하거나 높은 수준을 기록하고 있는데, 이는 재무 레버리지를 효율적으로 활용한 M&A로 인해 주주가치가 증대되었기 때문이다. 자산을 효율적으로 운용했는지를 나타내는 ROA(총자산수익률) 지표에서 LG생활건강은 글로벌 업체와 비슷한 수준이다.

안정성 LG생활건강은 2006년 이후 다양한 M&A로 순차입상태다. 순부채비율은 50% 수준으로, 연간 4~5,000억 원 수준의 FCF(Free Cash Flow, 잉여현금흐름)를 고려할 때 우려할 만한 수준은 아니라고 판단한다.

밸류에이션 LG생활건강은 2015년 예상 P/E 30배로 거래되고 있어, 글로벌 업체대비 3~50% 가량의 프리미엄으로 거래되고 있다. LG생활건강의 높은 밸류에이션은 높은 향후 이익성장 가능성에 근거한다. 글로벌 업체들의 경우 주력 시장에서 성장성이 현저히 낮은 반면 LG생활건강은 국내 화장품 및 생활용품에 크게 성장을 보이고 있을 뿐만 아니라 중국에서의 성장도 가속화 되고 있기 때문이다. 또한 최근

LG생활건강 제품의 높은 브랜드력을 바탕으로 중국관광객들이 화장품뿐만 아니라 헤어·바디제품까지 구매를 늘리고 있어 높은 매출 및 이익 성장성이 기대되고 있다.

글로벌 피어 비교

기업명	코드	시가총액	매출	영업이익	영업이익률	ROE	ROA	순부채비율	P/E	P/B
단위		백만 US$	백만 US$	백만 US$	(%)	(%)	(%)	(%)	(x)	(x)
기준년도		2014년	2014년	2014년	2014년	2015년 예상	2015년 예상	2015년 예상	2015년 예상	2015년 예상
LG생활건강	051900 KS	8,355	4,444	486	10.9	24.3	10.5	50.9	30.9	6.5
아모레퍼시픽	090430 KS	11,866	3,681	536	14.6	20.1	16.1	-16.7	40.8	6.6
Kao	4452 JT	19,890	13,274	1,262	9.5	13.6	8.2	-17.4	33.1	4.3
시세이도	4911 JT	7,023	7,609	496	6.5	8.7	3.5	7.5	28.8	2.5
P&G	PG US	213,042	83,062	15,288	18.4	17.0	8.2	35.3	21.0	3.6
유니레버	ULVR LN	116,156	64,347	9,342	14.5	33.5	10.4	69.4	22.3	7.5
로레알	OR FP	93,419	29,933	4,864	16.2	16.1	11.0	3.3	27.7	4.3
에스티로더	EL US	28,433	10,969	1,828	16.7	28.4	13.9	-7.4	29.9	7.7

자료: Bloomberg

LG생활건강 P/E

자료: Bloomberg

아모레퍼시픽 P/E

자료: Bloomberg

로레알 P/E

에스티로더 P/E

P/E 와 EPS 성장률 비교

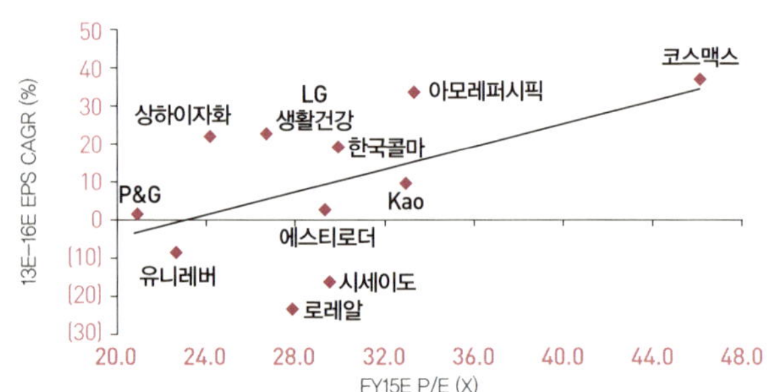

자료: Bloomberg

P/E 와 EPS 성장률 비교

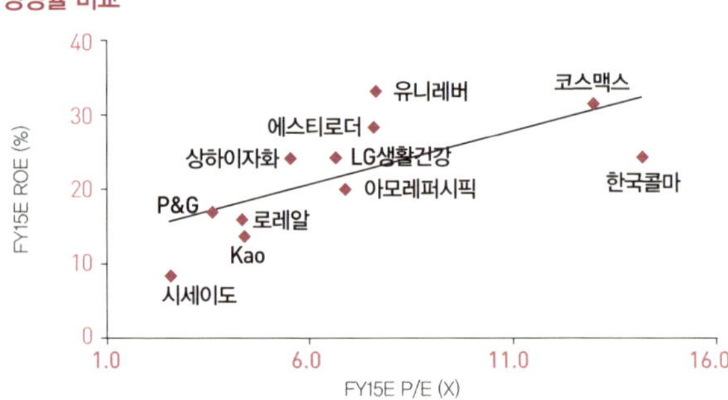

자료: Bloomberg

아시아 주요 화장품업체 개요

	한국		중국	일본
	아모레퍼시픽	LG생활건강	상하이자화	시세이도
설립 년도	1945년 태평양 설립	1947년 설립	1989년 Duangshenghang 설립	1872년 약국으로 설립
기업 개요	화장품 및 생활용품	화장품, 생활용품 및 음료	화장품 및 생활용품	화장품 및 생활용품
사업부별 매출	화장품 94% 생활용품 6%	화장품 42% 생활용품 32% 음료 26%	화장품 및 생활용품 97% 기타 3%	화장품 99% 기타 1%
주요 브랜드	〈화장품〉 설화수, 라네즈, 마몽드, 이니스프리, 에뛰드, 헤라 아이오페 외 〈생활용품〉 해피바스, 송염, 메디안, 미장센, 려, 오설록 외	〈화장품〉 후, 오휘, SUM, Belief, 이자녹스, 더페이스샵 외 〈생활용품〉 엘라스틴, 페리오, 샤프란, 홈스타 외 〈음료〉 코카콜라, 파워에이드, 미닛메이드	〈화장품〉 Shanghai Vive, Herboist 외 〈생활용품〉 Liushen, Maxam 외	〈화장품〉 Shiseido, Cle de Peau Beaute Nars, Za, MAQuillAGE 외 〈생활용품〉 Shiseido Professional 외
지역별 매출	국내 78% 중국 12% 기타 10%	국내 84% 해외 16% 중국 4%	중국 100%	일본 47% 아시아 22% 미주 17% 유럽 14%

자료: Bloomberg

글로벌 주요 화장품업체 비교

	다국적 기업			
	로레알	에스티로더	P&G	유니레버
설립 년도	1945년 태평양 설립	1946년 설립	1837년 설립	1929년 설립
기업 개요	화장품 및 생활용품	화장품 및 생활용품	화장품, 생활용품, 음료, 헬스케어	화장품, 생활용품, 식음료
사업부별 매출	화장품 96% 기타 4%	화장품 95% 생활용품 5%	생활용품 57% 화장품 33% 헬스케어 10%	개인생활용품/화장품 56% 식음료 44%
주요 브랜드	〈화장품〉 Lancome, Giorgio Armani, YSL, Kiel's, 외 〈생활용품〉 Essie, Garnieer 외	〈화장품〉 Aveda, Bobbi Brown, Clinique, Estee Lauder, MAC, Lab Series 외	〈화장품〉 SKII, Olay, Hugo Boss, CoverGirl, Dolce&Gabbana 외 〈생활용품〉 Pampers, Whisper, Tide, Downy 외	〈생활용품〉 Dove, Vaseline, Axe, Rexona, Clear, Omo 외 〈식음료〉 Lipton, Ben&Jerry's 외
지역별 매출	서유럽 38% 미주 34% 아시아 24% 남미 4%	미주 42% 유럽/중동 38% 아시아 20%	중국 100%	아시아/아프리카 41% 미주 32% 유럽 27%

자료: Bloomberg

가치 창출의 관점에서 LG생활건강을 들여다봅시다.

LG생활건강의 주가는 재무구조나 영업이익률에 비해 높은 프리미엄을 받고 있습니다. 그만큼 시장 참여자들이 향후 성장성을 기대하고 있다는 의미입니다. 이런 시장의 기대에 부응하려면 LG생활건강은 해외 시장에서 지속적인 성공 스토리를 써가야 할 것입니다. 주식시장은 기업의 성장성이라는 것에 대해 '가치 유지'가 아닌 '가치 창출'로 바라봅니다. 아무리 큰 돈을 벌어도 매년 비슷한 수준에 머무른다면 거기에 성장 프리미엄을 주지는 않는다는 것입니다. 강력한 경쟁자가 나타나면 한 순간에 사라질 수 있기 때문입니다. 주식시장에서는 지금은 글로벌 기업에 비해 이익 수준이 미약하더라도 해마다 이익의 증가폭이 비약적인 모습을 보이는 기업을 최고로 칩니다. 가치 창출이라는 관점에서 LG생활건강이 그동안 해왔던 노력 그리고 앞으로의 전략 등을 정리해보기 바랍니다.

문화:
최고의 생활문화기업을 꿈꾸다

기업의 성장과정을 살펴보면 기업이 추구하는 가치와 비전을 읽어낼 수 있습니다. LG생활건강은 럭키화학공업사에서 출발하여 LG화학을 거쳐 오늘날 LG생활건강 독립법인이 되었습니다. 이 과정에서 생활용품, 화장품 이외 음료 부문까지 다양한 분야의 많은 기업 인수합병을 통해 성장했습니다. 수많은 M&A를 거쳐 각 부문별 특성을 활용하며 보완·성장한 기업이니만큼, 포용력이라는 문화적 DNA를 가지고 있습니다. 이러한 기업 문화에 알맞은 인재상은 무엇일지 고민해보기 바랍니다.

01

럭키, LG화학에서
LG생활건강까지

LG생활건강은 1947년 LG화학으로 설립된 대표적인 생활용품 제조사로 현재 화장품 및 음료 부문으로 사업 영역을 확대하였다. 2001년 LG화학에서 생활용품 및 화장품 사업부가 분할되어 현재의 독립법인으로 출범하였다. 생활용품과 화장품 사업의 집중을 통해 경쟁력을 높이겠다는 의지와는 달리, 독립 이후 2004년까지 매출은 1조 원 주변에서 정체되고, 영업이익은 감소하였다. 이러한 실적의 가장 큰 원인은 화장품 부문의 부진이었는데, 이는 2002년 방문판매 사원에게 신용카드로 화장품을 대거 구매했던 소비자들이 신용카드 사태로 인해 상환 능력을 잃게 되었기 때문이다.

그러나 2005년 이후 빠르게 변화하는 화장품시장 트렌드에 맞는 브랜드와 제품을 개발하고 특히 고급 브랜드의 론칭으로 매출과 이익은 다시 성장세로 돌아섰다. 또한 2005년 1월, 새로 부임한 차석용 대표

LG생활건강 기업 연혁

태동기 (1947~1973년)

1947. 10	락희화학공업사 창립 '럭키' 상표로 화장품 생산 개시
1949. 03	락희화장품연구소 개소
1949. 04	투명크림 개발에 성공
1954. 10	부산 연지공장 준공 국내 최초 치약 '럭키 치약' 개발
1959. 10	락희유지공업주식회사 설립
1960. 10	국내 최초 화장비누 '크로바비누' 출시
1964. 10	'크로바비누' 유지제품으로는 국내 최초 KS표시 허가 획득
1966. 04	국내 최초 합성세제 '하이타이' 출시
1967. 07	국내 최초 '크림샴푸' 출시
1969. 10	민간기업 최초로 기업 공개(IPO)
1972. 10	주방세제 '퐁퐁' 출시

럭키~ LG화학 (1974~2000년)

1974. 02	상호를 '주식회사 럭키'로 변경
1972. 04	울산공장 준공
1976. 01	유니나 샴푸·린스 개발
1980. 10	청주공장 준공
1981. 06	'페리오치약' 출시
1983. 07	온산공장 준공
1984. 03	'드봉' 화장품 출시, 화장품 사업 재진출
1985. 06	'드봉' 화장품 미국·싱가포르 등에 최초 수출
1985. 10	세탁세제 '슈퍼타이' 출시
1990. 06	미국 내 판매법인 설립
1990. 10	슈퍼타이·하모니·향하이타이 국내 최초로 일본공업규격 JIS 획득
1991. 05	주방세제 '자연퐁' 출시
1992. 04	국내 최초 한방치약 '죽염치약' 출시
1993. 09	섬유유연제 '샤프란' 출시
1995. 02	㈜LG화학으로 상호 변경
1995. 10	화장품 '이자녹스' 출시 중국 항주 화장품 공장 준공, 중국 화장품 사업 시작
1996. 10	화장품 '라끄베르' 출시
1997. 09	백화점 전용 화장품 '오휘' 출시
1997. 10	북경 치약 공장 준공
1998. 11	남성화장품 '보닌' 출시
1999. 12	세탁세제 '테크' 출시
2000. 03	색조전문 화장품 '캐시캣' 출시
2000. 09	'이자녹스 링클 디클라인' 국산 신기술 마크(KT) 획득

LG생활건강 (2001~현재)

2001. 01	'엘라스틴' 샴푸 출시
2001. 04	독립법인 ㈜LG생활건강 출범
2001. 11	'이자녹스' 화장품 단일브랜드 매출 1천억 원 돌파
2002. 03	제1회 LG생활건강 주주총회 개최 화장품 방문판매 사업 진출
2002. 04	LG생활건강 주식 증권거래소 'KOSPI 200' 편입
2002. 08	'죽염치약' 중국에서 본격 생산
2003. 02	한방화장품 '후' 출시
2003. 08	한방화장품 '수려한' 출시
2004. 09	화장품 브랜드숍 '뷰티플렉스' 오픈
2005. 01	차석용 사장 대표이사 취임
2005. 03	중국 통합 판매법인 출범
2005. 04	에코 뷰티 브랜드 '비욘드' 출시
2005. 06	한방샴푸 '리엔' 출시
2005. 09	'오휘' 중국 백화점 매장 1호점 오픈
2006. 02	일본 유니참과 합작법인 LG유니참 설립
2006. 11	'후' 대한민국 브랜드 대상 수상
2007. 10	한국코카-콜라보틀링 인수
2007. 11	발효화장품 '숨 37' 출시
2008. 01	코카-콜라보틀링, 상호 '코카-콜라음료㈜' 로 변경
2008. 12	대만 현지법인 설립
2009. 10	다이아몬드샘물㈜ 인수
2010. 01	더페이스샵 인수
2010. 03	㈜한국음료 인수
2010. 08	천연허브 화장품 '빌리프' 출시
2010. 09	LG광화문 빌딩으로 본사 이전 멀티화장품 브랜드숍 '보떼' 론칭
2011. 01	해태음료 인수 완료
2012. 01	바이올렛드림(구 VOV) 인수
2012. 02	긴자스테파니 인수
2012. 07	LG생활건강-코티, 코티코리아 설립
2013. 01	일본 화장품업체 '에버라이프' 인수
2013. 07	캐나다 바디&생활용품 업체 'Fruit&Passion' 인수
2014. 02	일본 R&Y 인수
2014. 12	씨앤피코스메틱스 인수

자료: LG생활건강

이사는 연이은 M&A와 기존 사업의 프리미엄화를 통해 LG생활건강이 2006년부터 2014년 동안 연평균 20% 매출액 성장과 23%의 영업 성장을 달성할 수 있도록 기여하였다.

LG생활건강은 이미 많이 성장한 생활용품 사업에서 기존 제품의 고급화를 통해 성장을 지속하였다. 또한 화장품 부문에서는 프레스티지 화장품 개발 전략으로 후에 이어 오휘, 숨, 빌리프를 잇따라 출시하면서 다양한 포트폴리오를 구성하였다. LG생활건강은 이러한 기존 사업의 유기적 성장 외에도 M&A에 의한 비유기적 성장을 지속하였다. 차석용 부회장은 2007년 코카콜라음료 인수를 시작으로 다이아몬드샘물, 더페이스샵, 해태음료, 바이올렛드림 화장품, 긴자스테파니, 에버라이프, Fruits & Passion, 영진약품의 드리크 사업 부문을 인수했다. 최근 CNP코스메틱스를 인수해 빠르게 성장하고 있는 코스메슈티컬 시장을 선점하고 기존 사업과의 시너지 창출을 통해 화장품 사업 전체의 경쟁력을 강화했다. 이와 같이 공격적인 M&A를 통해 기존 선도 부문인 생활용품과 화장품, 음료 사업부를 갖추게 되었고, 각각의 사업이 가지고 있는 특징을 활용하여 각 부문을 서로 보완하면서 성장을 지속하고 있다.

주요 글로벌 화장품업체 비교

일시	인수자	대상	설명	인수 가격	지분율
2007. 10	LG생활건강	코카-콜라	Coca-Cola Co.의 국내 독점 보틀링	3,785억 원	90%
2009. 10	LG생활건강	다이아몬드샘물	생수 생산 및 수원지 보유	114억 원	100%
2010. 01	LG생활건강	더페이스샵	브랜드숍 화장품 부문 국내 시장점유율 1위	4,673억 원	100%
2010. 04	코카콜라	한국음료	OEM·ODM 음료 생산	142억 원	100%
2011. 01	LG생활건강	해태음료	국내 종합음료 3위	미공개	100%
2012. 01	바이올렛드림㈜	보브	국내 색조화장 3위	547억 원	100%
2012. 02	LG생활건강	긴자스테파니	일본 화장품 텔레마케팅	1,319억 원	70%
2013. 01	LG생활건강	에버라이프	일본 건강식품 텔레마케팅	3,294억 원	100%
2013. 03	더페이스샵	TFS Singapore	싱가포르 내 20개 더페이스샵 점포 운영	172억 원	100%
2013. 06	더페이스샵	Fruits&Passion Boutiques(Canada)	캐나다에 87개, 그 외 국가에 22개 생활용품 점포 운영	174억 원	100%
2014. 02	긴자스테파니	R&Y Corporation	일본시장 내 사업 확대	472억 원	100%
2014. 02	LG생활건강	CNP코스메틱스	코스메슈티컬 사업 확대	542억 원	86%

자료: LG생활건강

멘토의 *Tip* ㉞ 문화적 포용력에 초점을 맞추어 LG생활건강 살펴보기

문화적 포용력에 초점을 맞추어 LG생활건강의 문을 두드려봅시다.
LG생활건강은 M&A를 통해 매출 확대는 물론 이익 창출에도 성공한 기업입니다. M&A를 통해 단기간에 이런 성과를 낸다는 것은 절대 말처럼 쉽지 않습니다. 강력한 문화적 DNA(유전자)가 없이는 이런 성장과 성공 과정을 만들어내기 어렵습니다. 피인수 기업 조직원과의 융화 문제만 하더라도 10년이 걸린다고 쉽게 해결되는 문제가 아닙니다. 인터넷에 'LG생활건강 노사'라는 키워드를 넣어보면 2008년 이후로는 노사 분규 관련 내용이 거의 검색되지 않습니다. 외부에서 보는 것인 만큼 자세한 내부 사정은 알 수 없지만 다른 조직과 문화에 대한 존중과 배려의 문화가 남다르다는 추론은 가능할 것입니다. 자소서나 면접의 경우에도 자신의 대내외 활동이나 경험을 이런 문화적 포용력에 초점을 맞추어 LG생활건강의 문을 두드려보면 어떨까요.

02

최고의 생활문화기업을
꿈꾸다

LG생활건강의 비전은 고객의 아름다움과 꿈을 실현하는 최고의 생활문화기업이 되는 것이다. 이를 위해 '소비자 중심, 지속적 혁신 추구, 프로정신, 한발 앞선 고객 대응'을 핵심 가치로 삼고 있다. 비전 실현을 위해 중·장기적으로 포트폴리오 강화, 유통 커버리지 확대와 지속가능성 확립을 전략적으로 추구하고 있다. 이처럼 LG생활건강은 지속가능한 전략 확대를 위해 고객뿐만 아니라 직원, 그리고 사회 간의 상호관계 이해를 통해 공동체적 목표를 달성하도록 노력하고 있다.

구체적으로 중·장기적 비전 실현을 위해 이해관계자 커뮤니케이션 확대, 지속가능경영 운영체제로 전환, 지속가능제품 확대, 사회책임 강화를 전략적 방향으로 제시하고 있다. 또한 동반성장의 기업문화를 구축하고자 공정한 기회, 공동개발, 기술지원, 금융지원, 열린 소통의 추진방향을 통해 공정 거래 및 상생협력의 문화를 조성해나가고 있다.

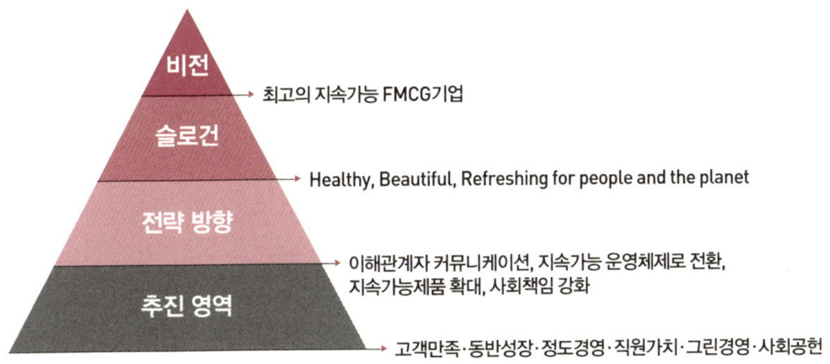

자료: LG생활건강

멘토의 Tip ③⑤ LG생활건강 취업을 위한 마인드셋 점검하기

LG생활건강을 준비하기 위해 마인드셋을 다시 한번 점검합시다. LG생활건강은 2014년 한국경영학회 선정 'CSV(Creating Shared Value, 공유가치 창출)' 대상을 수상하는 등 동반성장에도 남다른 모습입니다. 지속가능경영과 고객가치 창출 등 본문에서 언급한 기업문화 면면을 보면 매우 균형된 가치를 추구하는 기업으로 보입니다. 하지만 이런 가치를 창출하기 위해서는 조직원에게 큰 비전과 함께 무거운 짐들이 부여됩니다.

외부에서 보면 평화롭기만 한 것 같지만 내부적으로는 엄청난 전투가 요구된다는 의미입니다. 보다 직설적으로 표현하면 조직원 모두에게 특수전을 치를 수 있을 정도의 정신력과 체력을 요구한다고 봐야 합니다. 이것은 LG생활건강만의 경우가 아닙니다. 글로벌 시장을 지향하는 기업이라면 당연한 모습입니다. 물론 성공의 결과는 달콤하겠지요. LG생활건강을 준비하는 분들의 마인드셋도 누구보다 치열하고 도전적인 자세로 잘 무장되었으면 합니다.